Carin Fetzer

Mein Schlittenhund

Carin Fetzer

Mein Schlittenhund

Aktiv – das ganze Jahr

Tips und Anregungen für den interessierten
Hundefreund
Artgerechte Haltung und Rennsport

3. Auflage

Bearbeitet und illustriert mit Karten und
Zeichnungen von Viktor J. Stern

Mit einem Geleitwort von Helly Vogt
und Prof. Dr. Dr. Heinz Schmidt

Verlagshaus Reutlingen
Oertel + Spörer

Haftungsausschluß
Die Hinweise in diesem Buch stammen von der Autorin. Es können jedoch keinerlei Garantien übernommen werden.
Eine Haftung der Autorin bzw. des Verlages und seiner Beauftragten für Personen-, Sach- und Vermögensschäden ist ausgeschlossen.

Die Deutsche Bibliothek – CIP-Einheitsaufnahme

Fetzer, Carin:
Mein Schlittenhund : aktiv das ganze Jahr ; Tips und Anregungen für den interessierten Hundefreund ; artgerechte Haltung und Rennsport / Carin Fetzer. Bearb. und Ill. mit Kt. und Zeichn. von Viktor J. Stern. Mit einem Geleitw. von Helly Vogt und Heinz Schmidt. – 3. Aufl. – Reutlingen : Verl.-Haus Reutlingen Oertel und Spörer, 1996
ISBN 3-88627-169-2
NE: Stern, Viktor J. (Bearb.)

© Verlagshaus Reutlingen · Oertel + Spörer · 1996
Postfach 1642, 72706 Reutlingen
1. Auflage 1993
2. Auflage 1994
3. Auflage 1996
Alle Rechte vorbehalten
Schrift: 10/12 p Garamond
Satz und Druck: Oertel + Spörer, Reutlingen
Einband: Heinrich Koch, Tübingen
Printed in Germany
ISBN 3-88627-169-2

Geleitwort

Die einmalige Faszination, die von den Nordlandhunden ausgeht, hat mich schon als kleines Schulmädchen in ihren Bann gezogen. Und wenn ich mir auch der Aussichtslosigkeit voll bewußt war, so bewarb ich mich damals trotzdem – natürlich ohne Wissen der Eltern – um einen der Schlittenhunde, die Paul-Emile Victor von seiner Expedition zurückbrachte und für die er geeignete Plätze suchte.

Noch heute, nach Jahrzehnten intensivster Beschäftigung mit den Nordischen Hunden, hat mich diese Faszination nicht losgelassen, im Gegenteil, sie ist Teil meines Lebens geworden.

Wir alle, die wir dafür verantwortlich sind, daß diese Hunde aus ihren arktischen Ursprungsgebieten zu uns kamen, müssen auch dafür sorgen, daß sie bei uns ein lebenswertes Dasein fristen können.

Gerade heute, in einer Zeit, in der unsere Umwelt über die Maßen strapaziert wird und die Natur sich der Unvernunft der Menschen kaum mehr erwehren kann, sucht so mancher nach einem Stück Ursprünglichkeit, nach einem natürlichen, naturverbundenen und noch nicht vom Menschen manipulierten Lebewesen. Dabei stößt man fast unwillkürlich auf den Nordischen Hund, der durch seine ungekünstelte Schönheit, durch sein geschicktes und kluges Verhalten und seinen Freiheitsdrang einen besonderen Reiz ausübt und das Interesse der Natur- und Hundeliebhaber weckt.

Nordlandhunde, seien es nun Schlitten-, Jagd- oder Hütehunde, wurden in ihren Ursprungsländern sehr zielgerichtet gezüchtet, gehalten und eingesetzt. Und nur durch ihre stetige, auf sie ausgerichtete Beschäftigung konnten sie so selbstbewußt, so unabhängig und so leistungsfähig erhalten werden. Sie haben etwas Besseres verdient, diese herrlichen Geschöpfe einer noch weitgehend intakten Natur, als im Wohnblock einer Großstadt oder beschäftigungslos und ohne ausreichende menschliche Zuwendung in einem Hinterhof zu darben. Sie, die den Völkern des hohen Nordens das Überleben überhaupt ermöglichten.

Trotz der inzwischen zahlreich erschienenen Fachbücher über Herkunft, Entstehungsgeschichte, Verwendungszweck, Eigenheiten und Bedürfnisse der Nordischen Hunderassen schließt das Buch von Carin Fetzer, einer Kennerin und Bewunderin des Siberian Husky, eine Lücke, da sie sich bewußt an den „Newcomer" wendet, der sich einen „Nordischen" anschaffen und mit ihm zusammen sportlich betätigen will. Der Einsteiger in den Schlittenhundesport will nicht gleich mit überzogenem Fachwissen überfrachtet werden, sondern Antworten auf einige grundlegende Fragen: Wie pack' ich's an? Was brauche ich dazu? Was kostet mich der Spaß? Welche Fehler vermeide ich gleich von Anfang an?

Nicht zuletzt geht es der Autorin auch darum, den potentiellen Käufer eines Schlittenhundes **im voraus** darauf einzustimmen, worauf er sich mit der Anschaffung eines Hundes im allgemeinen und dem Siberian Husky im besonderen einläßt. So möchte sie auch verhindern, daß ein Hund mit so besonderen Bedürfnissen nicht in falsche Hände gerät und nur aus einer Laune heraus oder wegen seines attraktiven Äußeren erworben wird.

In ihrem Werk beleuchtet die Autorin dieses Gebiet der Kynologie mit viel Sachverstand, der nötigen Eigenerfahrung sowie mit illustren und abwechslungsreichen Episoden, die den an sich schon flüssig lesbaren Text zusätzlich auflockern.

Erweisen Sie dem Hund, den Sie sich vielleicht demnächst kaufen wollen, einen guten Dienst und informieren Sie sich im voraus. Das Buch von Carin Fetzer macht es Ihnen leicht.

Blauen (CH), im Mai 1993   Helly Vogt
                                 Zuchtwartin des Schweizerischen Klubs
                                 für Nordische Hunde

Geleitwort

Schlittenhunde sind in ihrer nordischen Heimat als klassische Zughunde für den Menschen unentbehrlich, trotz der inzwischen weiten Verbreitung von Motorschlitten. Sie sind gutmütig, gelehrig, aktiv und arbeitsfroh; sie besitzen ein ausgeprägtes Rudelverhalten mit einer besonderen partnerschaftlichen Bindung zum Menschen.

Der Siberian Husky, dieses Bild eines Hundes, hat in den letzten Jahren auch bei uns zahlreiche Anhänger gefunden, und dies obwohl er sich hier eigentlich weder vom Klima noch von der Arbeit her richtig heimisch fühlen kann.

Für diesen Freund des Menschen besteht bei uns die Gefahr, daß sein menschlicher Partner seine Bedürfnisse nicht kennt und auch nicht erkennt. Sehr leicht kann er als Haustier, oder schlimmer noch als „Heimtier", mißbraucht werden. Er geht dabei seelisch und auch körperlich zugrunde. Für den Husky muß der Mensch Partner, nicht bloß „Besitzer" oder „Hundehalter" sein.

Der Husky besitzt einen sprichwörtlichen Drang zu Aktivität und Bewegung. Er lebt gerne mit Artgenossen zusammen und buhlt trotzdem in besonderer Weise um die Aufmerksamkeit des Menschen. Er ist also durchaus kein pflegeleichter Hund. Geht man auf seine Bedürfnisse ein, so gewinnt man nicht nur einen Partner sondern einen echten Freund.

Die Autorin des Buches lebt dieses Partner-Freund-Verhältnis „Mensch-Hund" seit Jahren in geradezu idealer Weise vor. Aus ihrer Liebe zum Siberian Husky erwuchs ihr Wunsch, Husky-Interessenten bereits vor dem Kauf über die Bedürfnisse dieses Hundes zu informieren und ihnen so die richtige Entscheidung zu erleichtern. Im partnerschaftlichen Sinne dient dies beiden, dem Hund und dem Menschen.

Für den erfahrenen Husky-Liebhaber hält das Buch in locker-interessanter Weise viele nützliche Hinweise und Tips parat. In zahlreichen Episoden erkennt er schmunzelnd sich und seinen geliebten Freund wieder.

Für jeden Hundefreund ist es schließlich eine besondere Freude, so locker, leicht und liebevoll so viel „Husky-Know-how" zu er-lesen.

München, im Mai 1993   Prof. Dr. Dr. Heinz Schmidt

Vorwort

Als wir vor annähernd 15 Jahren erstmals stolze Besitzer eines Siberian Husky wurden, hatten wir keine Ahnung von den besonderen Ansprüchen und Bedürfnissen dieser Hunderasse, und wir hätten uns dringend einen Ratgeber gewünscht, der auf unsere vielen Fragen Auskunft hätte geben können. Zwar waren auch damals schon Bücher zum Thema Schlittenhundesport im Buchhandel erhältlich, aber für „Greenhorns" in diesem Sport, die gerne gewußt hätten, was sie mit einem Einzelhund denn so alles anfangen können, war nichts Brauchbares dabei. Glücklicherweise bekamen wir bald Kontakt zu aktiven Mushern, von deren Wissen und Erfahrung wir profitieren konnten. Doch hatten wir immer gewisse Hemmungen, sie mit unseren „naiven Anfängerfragen" zu belästigen.

Der Bitte des Verlages Oertel + Spörer, ein Buch zum Thema Schlittenhundesport als „Starthilfe für den Newcomer" zu schreiben, kam ich, eingedenk unserer eigenen Erfahrungen, daher gerne nach.

Als ich dann im Juni 1993 auf der Buchmesse in Leipzig „Mein Schlittenhund" vorstellen durfte, dachte ich nicht im Traum daran, daß ich mir bereits neun Monate später Gedanken über ein Vorwort zur 2. Auflage machen würde. Im März kam dann vom Verleger die Nachricht: „Auflage demnächst vergriffen. Die 2. Auflage muß bald in Druck gehen!" Für mich konnte es keine schönere Bestätigung geben; bewies dies doch, daß mein Buch von den Schlittenhundefreunden angenommen wurde. Aus den zahlreichen Zuschriften und Telefonanrufen hatte ich ausschließlich positive Resonanz erfahren.

Seit dem Erscheinen der 1. Auflage hat sich natürlich – wie in jeder Sportart – auch im Schlittenhundesport das eine oder andere geändert. Aus diesem Grund habe ich mich mit Heini Winter, dem bekannten und erfolgreichen Musher (Teilnehmer am Alpirod 1991 und 1994, 1994 bester Deutscher von 53 gestarteten Teams aus 11 Ländern), zusammengesetzt, um das Sportkapitel zu überarbeiten.

An dieser Stelle möchte ich mich für seine Aufgeschlossenheit und Hilfsbereitschaft sehr herzlich bedanken. Ich schätze ihn sehr. Er hält und behandelt seine Hunde vorbildlich. Auf einen Nenner gebracht: er lebt *mit* seinen Hunden.

Bei den Wettkämpfen werden in den Schlittenklassen überwiegend Alaskan-Huskies, in der Pulka-Klasse Jagdhunde und Jagdhundmischlinge eingesetzt. Das Training ist intensiver, finanziell wie auch zeitlich aufwendiger geworden. Dies aufzuzeigen ist insbesonders für denjenigen wichtig, der gezielt aktiv und konkurrenzfähig in den Wettkampf einsteigen möchte. Diesem Interessierten muß von vornherein klar sein, was er will: Ob er als Fan von Siberian Huskies mit dem rassenreinen Schlittenhund innerhalb dessen Möglichkeiten arbeiten, oder ob er mit speziell gezüchteten Rennhunden arbeiten möchte. Es bleibt dem Schlittenhundefreund unbenommen, sich an Rennen zu beteiligen, an denen ausschließlich rassenreine Hunde zugelassen sind. Es gibt auf manchen „offenen" Rennen aber auch eine getrennte Wertung für unsere „Pelzmützen", wie ein Rennleiter sie einmal nannte. Es ist im Interesse aller Schlittenhundefreunde notwendig, diese Veränderungen aufzuzeigen.

Bei den Olympischen Winterspielen im Februar 1994 in Norwegen wurden als Teil des Kulturprogramms vom Norwegischen Schlittenhundeverband Schlittenhunderennen durchgeführt. Seither ist der Schlittenhunderennsport als olympische Disziplin ernsthaft im Gespräch.

Man kann die Entwicklung bei den Schlittenhunden gleichsetzen mit der Entwicklung bei den Motoren: Der eine ist Liebhaber vom schönen, ruhigen und ausgeglichenen Rolls-Royce-Motor und bewegt ihn entsprechend, der andere liebt den auf Leistung getrimmten Motor, mit dem er Rennen gewinnen will. Die Entscheidung muß allerdings unbedingt bereits im Vorfeld geschehen. Auch „Wartung, Pflege und Verschleiß" sind entsprechend verschieden.

Pfullingen, im Februar 1996   Carin Fetzer

Inhalt

Yukon Territory, im Winter 1897

Auf der Strecke zwischen Dawson und Skagway

„Die Fahrt mit dem Postschlitten war hart, und die schwere Arbeit zehrte an den Kräften des Gespanns. Sie hatten an Gewicht verloren und waren in elender Verfassung, als sie in Dawson eintrafen. Eine Rast von mindestens einer Woche hätten sie dringend nötig gehabt, aber schon zwei Tage später mußten sie, mit Briefen und Paketen beladen, den Rückweg antreten. Die Hunde waren müde, die Musher auch. Noch dazu schneite es jeden Tag. Die Bahn war weich und das Ziehen harte Arbeit für die Hunde. Die Leute sorgten, so gut sie konnten, für die Tiere.

Jeden Abend wurden zuerst die Hunde betreut. Sie bekamen ihre Mahlzeit zuerst, dann aßen die Männer, und keiner von ihnen ging schlafen, ehe er nicht die Pfoten seiner Hunde untersucht hatte. Trotzdem nahmen deren Kräfte ständig ab. Seit Beginn des Winters hatten sie achtzehnhundert Meilen zurückgelegt und ihren schweren Schlitten gezogen; achtzehnhundert Meilen mußten auch dem Zähesten in die Beine gehen. Buck hielt durch, feuerte seine Gefährten zur Arbeit an und sorgte für Ordnung, obwohl auch er erschöpft war. Billie klagte und winselte jede Nacht. Joe war verdrießlicher denn je, und Solleks durfte man sich überhaupt nicht nähern, weder auf seiner blinden noch auf seiner anderen Seite. Von allen aber litt Dave am meisten. Etwas war bei ihm nicht in Ordnung. Er wurde immer mürrischer und gereizter und machte sich, wenn das Lager aufgeschlagen wurde, sofort eine Schlafkuhle im Schnee, wo ihn sein Lenker füttern mußte. Sobald er ausgeschirrt war und am Boden lag, stand er nicht wieder auf bis morgens, wenn er zum Schlitten mußte. Manchmal heulte er vor Schmerz auf, mitten auf der Straße, wenn das Gespann ruckartig zum Stillstand kam oder von neuem losfuhr und die Stränge sich straffzogen. Die Musher untersuchten ihn, konnten aber nichts finden. Alle Männer interessierten sich für seinen Fall. Sie sprachen von Dave zur Essenszeit und wenn sie ihre Pfeifen vor dem Schlafengehen rauchten. Eines abends holten sie ihn aus seiner Schneekuhle und brachten ihn ans Feuer. Sie tasteten seinen Körper ab, und obwohl er immer wieder kläglich aufheulte, fanden sie nichts, keinen gebrochenen Knochen, keine innere Verletzung. Aber irgend etwas stimmte nicht mit Dave.

Als man die Cassiar Bay erreichte, war er so schwach, daß er immer wieder in den Strängen zusammenbrach. Das schottische Halbblut ließ halten, nahm ihn aus dem Gespann heraus, und an seine Stelle trat Solleks. Dave sollte sich ausruhen und frei hinter dem Schlitten herlaufen. Aber so elend ihm auch war, Dave wollte sich nicht ausspannen lassen, er knurrte und grollte, als die Stränge gelöst wurden, und winselte herzzerreißend, als er Solleks auf seinem Platz sah, auf dem er so lange treu gedient hatte. Selbst als Todkranker konnte er es nicht ertragen, daß ein anderer seine Dienste verrichten sollte.

Als der Schlitten anlief, stolperte er im weichen Schnee neben Solleks her, schnappte nach ihm und versuchte, ihn aus der Spur zu stoßen, um selbst wieder an seine Stelle zu springen. Er jaulte kläglich. Das Halbblut wollte ihn zuerst mit der Peitsche wegtreiben, aber Dave kümmerte sich nicht darum, und sein Herr brachte es nicht übers Herz, ihn zu schlagen. Eine Zeitlang schleppte sich Dave noch weiter, dann stolperte er, blieb liegen und heulte jämmerlich, als der lange Schlittenzug an ihm vorüberglitt.

Noch einmal raffte er sich auf und mühte sich hinter den Gespannen ab, bis sie anhielten. Er taumelte zu seinem Schlitten und blieb neben Solleks stehen. Nur einen Augenblick ließ der Musher den Hund aus den Augen, als er sich bei seinem Hintermann Feuer für die Pfeife holte. Als er zurückkam und die Hunde antrieb, begannen sie zu ziehen, blieben aber sofort wieder verblüfft stehen, und verblüfft war auch der Treiber. Der Schlitten hatte sich nicht vom Fleck gerührt. Das Halbblut rief seine Kameraden herbei: Dave hatte beide Stränge Solleks durchgebissen und stand nun vor dem Schlitten an seinem richtigen Platz.

Er bettelte mit seinen Augen, und das Halbblut starrte ratlos auf ihn. Seine Kameraden erzählten, daß einem Hund das Herz brechen konnte, wenn man ihn von seiner gewohnten Arbeit nahm, und sie erzählten von Hunden, zu alt für die Schinderei oder verletzt, die eingegangen waren, als man sie vom Gespann ausgeschlossen hatte. Und da Dave todkrank war und da ihn nichts mehr retten konnte, wäre es barmherziger, ihn zufrieden und glücklich mitten in seiner harten Arbeit sterben zu lassen. Dave wurde wieder angeschirrt, und stolz trabte er wie früher dem

2

Schlitten voraus, obwohl er immer wieder qualvoll aufheulte, wenn der Schmerz in seinem Körper allzu wütend biß. Er stolperte immer wieder, und einmal gingen die Schlittenkufen über seine Hinterbeine hinweg, und er konnte nur mehr hinkend weiterziehen. Aber er hielt aus, bis das Lager erreicht war und sein Herr ihm am Feuer einen Platz zurechtmachte.

Der Morgen fand ihn zu schwach, um aufzustehen. Um die Anschirrzeit versuchte er, zu seinem Musher zu kriechen. Mit unsäglicher Mühe kam er auf die Füße, taumelte und fiel wieder hin. Sein ganzes Sinnen ging dorthin, wo seine Kameraden waren. Er schob die Vorderbeine voraus und schleppte den Körper ruckartig nach, bis ihn die Kräfte endgültig verließen. Er blieb, nach Atem ringend, im Schnee liegen, seinen versagenden Blick sehnsüchtig auf das davonfahrende Gespann gerichtet. Das war das Letzte, was seine Gefährten von ihm sahen, als sie ihn hinter einem Hügel aus den Augen verloren."

(Jack London: „Der Ruf der Wildnis")

Kapitel 1:

Mensch und Hund

„Burden-Sharing"
seit Menschengedenken

Trotz seiner riesigen Ausdehnung wurde der arktische Norden Sibiriens ursprünglich nur von relativ wenigen, kleineren Völkern bewohnt – von den Samojeden im Westen bis zu den Tschuktschen und den asiatischen Eskimo, den Yuit, am äußersten Rand der Tschuktschen-Halbinsel im Osten –, die von Jagd, Fischfang oder Rentierzucht lebten.

Als Zugtiere für ihre Schlitten, die aus Holzpflöcken und Stangen so gut zusammengefügt und mit Lederriemen elastisch verbunden waren, daß sie auch bei starker Belastung nicht leicht zerbrechen konnten, dienten ihnen sowohl Rentiere als auch Hunde. Der Gebrauch des Hundeschlittens läßt sich in Zentralsibirien bereits für das zweite Jahrtausend v. Chr. nachweisen. Und von Sibirien aus fand der Hundeschlitten als wichtigstes Transportmittel schließlich auch seinen Weg zu den Eskimo in der Neuen Welt.

Diese waren, wie die mit ihnen verwandten Aleuten, sehr viel später als die Indianer – vermutlich zwischen 10000 und 6000 v. Chr. – aus Nordostasien über die Beringsee zwischen Sibirien und Alaska nach Nordamerika gekommen. Auf ihre Verwandtschaft mit den Ostasiaten deuten nicht nur ihr Aussehen hin, sondern auch Übereinstimmungen in den Sprachen der Eskimo und Aleuten einerseits und z.B. der Tschuktschen Ostsibiriens andererseits.

Verbreitungsgebiet der Eskimo mit einigen wichtigen Regionalgruppen. Indianerstämme des subarktischen Nadelwaldgürtels und der High Plains, die Hunde als Last- und Zugtiere einsetzten.

5

Bevölkerungswachstum ließ die Eskimo ab etwa 1 000 v. Chr. immer weitere Teile der arktischen Küsten Alaskas und Kanadas in Besitz nehmen, bis sie um 1 000 n. Chr. schließlich Grönland erreichten. Dieses gewaltige Gebiet mit einer Ausdehnung von über 5 000 km Luftlinie von Sibirien bis Grönland wird von den etwa 100 000 Eskimo, die sich selbst als Inuit (Menschen) bezeichnen, auch heute noch bewohnt. Trotz der riesigen Entfernungen zwischen den einzelnen Gruppen besitzen die Eskimo eine überraschend einheitliche Sprache und eine Kultur, die seit dem Ende des 19. Jahrhunderts allerdings immer stärker den Einflüssen der europäischen Zivilisation ausgesetzt war. Vor allem in den letzten Jahrzehnten wurde der materielle Kulturbesitz der Eskimo fast völlig durch moderne Jagdwaffen, Geräte und Kleidung aus industrieller Produktion ersetzt.

Holzschnitt aus einem 1580 in Nürnberg erschienenen Reisebericht, der Eskimo bei der Jagd zeigt. Im Hintergrund sieht man einen Hund, der einen kajakförmigen Schlitten zieht.

Bis in die jüngste Zeit war die Lebensgrundlage der Eskimo entlang der Küste die Jagd auf Robben, Walrosse, Seelöwen, Wale und Eisbären. Einige Gruppen im Hinterland betrieben während der Sommerzeit Fischfang, andere jagten im Winter Karibus und Moschusochsen in der arktischen Tundra. In ihrer extrem lebensfeindlichen Umwelt entwickelten die Eskimo besonders ausgeklügelte Waffen und technische Hilfsmittel, die es ihnen erlaubten, sich zu behaupten. Harpune, Lanze, Speer, Pfeil und Bogen, Schlingen, Fallen, Netze, Flintmesser und die Bola bildeten in alter Zeit die wichtigsten Waffen und Geräte für Jagd und Fischfang. Transportmittel auf dem Wasser waren das kleine Einmannboot, der Kajak, und das Mannschaftsboot für Walfang und Handelsfahrten, das Umiak, ein großes offenes Fellboot.

Zu Lande verwendeten die Eskimo der Frühzeit den Handschlitten und den kufenlosen Toboggan aus zusammengenähten Walbartenstreifen. Wann genau der Hundeschlitten bei den Eskimo in Gebrauch kam, läßt sich heute nicht mehr genau feststellen. Er wurde jedenfalls zwischen 500 und 900 n. Chr. als wichtigstes Transportmittel aus dem arktischen Asien in die Neue Welt eingeführt.

Bei Ausgrabungen an prähistorischen Siedlungsplätzen der Eskimo stieß man auf Funde, die Zeugnis vom Gebrauch des Hundeschlittens gaben. So fand man Teile der Holzkonstruktion, Bestandteile aus Elfenbein, Walbarte oder Knochen, Gleitschienen der Kufen und sogenannte Drehringe von Hundegeschirren, die verhindern sollten, daß sich die Zugleinen verwickelten.

Daß Eskimo Hunde hielten, lange bevor sie diese auch zum Ziehen von Schlitten einsetzten, geht z. B. aus Knochenfunden hervor, die bei Ausgrabungen in einer Eskimosiedlung an der Nordwestküste Alaskas gemacht wurden, deren Alter auf etwa 6 000 Jahre geschätzt wird. Aus späterer Zeit stammen stark stilisierte Felsmalereien, die neben Walen und verschiedenen Landtieren auch Hunde zeigen.

Einfacher Kufenschlitten der Karibu-Eskimo. Die bis zu 10 m langen Kufen sind durch Querstangen miteinander verbunden. Die Konstruktion wird durch Riemen aus Seehundshaut zusammengehalten. Als Gleitmittel für die Kufen wird eine Schicht Torfbrei aufgetragen. Mit Wasser bestrichen, bildet sich darauf eine dünne Eisschicht.

Westgrönland-Eskimo auf der Jagd. Eine Abbildung aus dem Buch des Missionars Hans Egede, das 1736 erschien. Im Hintergrund ein Hundeschlitten mit Fächer-Gespann.

An der Nordküste Alaskas stieß man bei Ausgrabungen in den dreißiger Jahren auf „Wohnhügel" unter denen sich Eskimohäuser verbargen, die aus Treibholz, Walknochen und Rasenziegel konstruiert worden waren, und die vermutlich zwischen 500 und 900 n. Chr. erbaut wurden. In ihnen fand man neben den Resten von Kajaks und Umiaks auch Teile der Konstruktion von Hundeschlitten.

0 1 2 3 4 5cm

Felsmalerei der Eskimo in roter Farbe aus Südalaska. Oben und unten sind stark stilisierte Landtiere zu sehen (ganz links offensichtlich ein Hund), dazwischen drei Wale.

Abbildung aus einem Reisebericht, der 1824 in London veröffentlicht wurde. Er zeigt Eskimo auf einem Hundeschlitten mit Fächer-Gespann.

9

Welchen Stellenwert die Schlittenhunde für die Eskimo hatten, wird ersichtlich aus der Reihenfolge, in der die Nahrung nach der Rückkehr der Jäger verteilt wurde: Hunde, Kinder, Jäger, Frauen. Jean Malaurie, der 14 Monate lang das Leben der Eskimo teilte, schreibt in seinem Buch „Die letzten Könige von Thule": „Mit seinen Hunden bildet der Eskimo tatsächlich ein Paar. Das Gespann ist eine Person, die er heiratet und die ihn heiratet: Der Leithund ist der Kopf, die anderen Hunde sind die Glieder, der Körper. Ohne seine Hunde ist der Eskimo nicht er selbst. Dann ist er ein Witwer, der seine Kraft, seine Handlungsfähigkeit und seine Lebensfreude verloren hat."

Nach Berichten früher europäischer Forscher aus Alaska, besaßen viele Eskimo-familien nur drei oder vier starke Hunde, so daß schwer beladene Schlitten von Menschen und Hunden gemeinsam gezogen wurden.

Südlich der arktischen Tundra erstreckt sich von Alaska im Westen bis zum Atlantik im Osten quer über den ganzen Kontinent der große sub-arktische Nadelwaldgürtel. Bewohnt wurde dieses Gebiet in seinem nordwestlichen Teil von Indianerstämmen, die zur Sprachgruppe der Athapasken gehörten, etwa den Kutchin, Slave, Yellowknives oder Chi-pewyan. Im südlichen und östlichen Teil dieses Waldgebietes lebten Algonkin sprechende Indianer, z.B. die Cree südlich der Hudson Bay, die Odjibwa im Gebiet des Oberen Sees oder die Montagnais und Nas-kapi auf dem Territorium des heutigen Quebec.

Familie der Ojibwa auf der Wanderschaft. Hunde tragen oder schleppen auf Travois die Ausrüstung (Peter Rindisbacher).

Ojibwa-Indianer mit Toboggan und Schneeschuhen (Peter Rindisbacher).

Alle diese Stämme waren Jäger und Fischer, die in Familienverbänden ihr jeweiliges Gebiet durchstreiften auf der Jagd nach Rehen, Hirschen, Elchen, Bären, Karibus und den Wasservögeln der zahllosen Seen und Flüsse. Sie lebten in kegelförmigen Fellzelten oder auch, wie z.B. die Odjibwa, in Hütten, die mit Baumrinde bedeckt waren. Transportmittel waren das Kanu aus Birkenrinde, mit dessen Hilfe die Odjibwa auch den wilden Wasserreis ernteten, Hunde mit Packtaschen und im Winter der Toboggan, der aus einem oder zwei langen, vorne hochgebogenen Brettern bestand, die mit Rohlederstreifen zusammengebunden waren. Der Toboggan wurde sowohl von Menschen als auch von Hunden gezogen. Rahmenschneeschuhe ermöglichten den Jägern auch ein schnelles Fortkommen im tiefen Schnee.

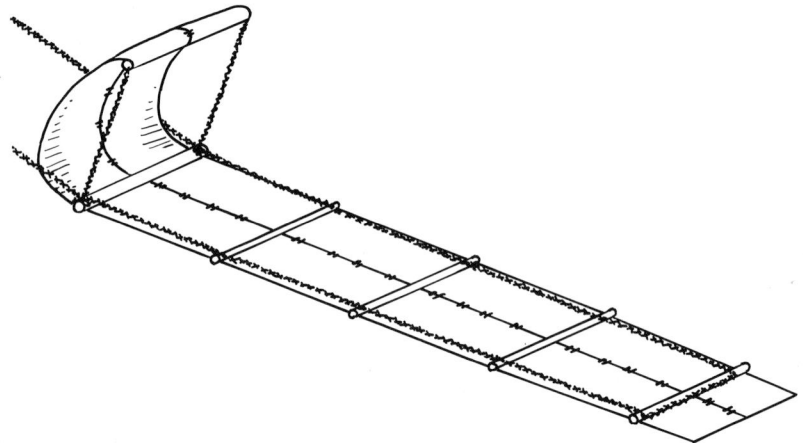

Der Toboggan der subarktischen Indianer war das geeignete Transportmittel für tiefen und lockeren Schnee.

Auch die Mandan in ihren festen Dörfern am Oberlauf des Missouri verwendeten im Winter zur Beförderung von Lasten den Toboggan, in der übrigen Jahreszeit Hundetravois und Hunde mit Packtaschen, wie alle Völker am Rande der High Plains, bevor sie im Laufe des 18. Jahrhunderts in den Besitz von Pferden gelangten. Aber auch nach diesem Zeitpunkt wurden von den berittenen Bisonjägern der Plains neben Pfer-

Toboggan der Mandan vom oberen Missouri um 1830 (Karl Bodmer).

Zeltlager der Assiniboin mit Hundetravois um 1830 (Karl Bodmer).

13

Jäger der Assiniboin in seinem alten „Outfit" mit zwei Packhunden. Als diese Aufnahme entstand, war der Gebrauch von Packhunden und Travois bei den Stämmen am Oberlauf des Missouri längst nicht mehr gebräuchlich (Foto um 1900 von Edward S. Curtis).

Auch nach dem Erhalt von Pferden benützten die Indianer der Plains weiterhin Hundetravois.

detravois auch weiterhin Hunde zum Tragen und Ziehen von Lasten eingesetzt; bis zum Ende ihrer Existenz als frei umherstreifende Büffeljäger in den siebziger und achtziger Jahren des 19. Jahrhunderts. Erst in den Reservaten verdrängten dann Wagen, die von Pferden gezogen wurden, die zuvor benutzten Travois und die Hunde als Lastenträger.

Winterlager der Arapaho in ihrem Reservat in Oklahoma um 1880. Pferde- und Hundetravois haben ausgedient. Wagen stehen vor den Tipis.

15

Für die französischen und englischen Pelzhändler, die seit dem
17. Jahrhundert vom St.-Lorenz-Strom in Ostkanada und von der Küste
der Hudson Bay aus auf den Flüssen und Seen ins kanadische Hinterland
vordrangen, und die durch die Indianer den Gebrauch des kufenlosen
Hundeschlittens und des Rahmenschneeschuhs kennengelernt hatten,
blieben die indianischen Kanus aus Birkenrinde das wichtigste Transportmittel bis weit ins 19. Jahrhundert hinein. Ganze Kanuflottillen
brachten im Frühjahr, wenn das Eis auf den Flüssen und Seen verschwunden war, die kostbaren Pelze von Biber, Fuchs, Luchs und Nerz,
die von den indianischen Fallenstellern und Händlern während des Winters in Jagdlagern und Dörfern gehortet worden waren, zu den Forts und
Handelsposten der Pelzhandelsgesellschaften. Und so wie das Kanu aus
Birkenrinde und der französische Voyageur aus der Geschichte Kanadas
nicht wegzudenken sind, ist die Erschließung Alaskas ohne das Schlittenhundegespann und seinen Musher nicht denkbar. Als gegen Ende des
vorigen Jahrhunderts in Alaska der Goldrausch ausbrach, schleppten die
Goldsucher auf ihrem mühsamen Weg von Skagway, dem kleinen Hafen
an der Pazifikküste Südalaskas, über die Coast Mountains hinüber ins
Tal des Yukon River sogar ihre Hunde und Schlitten auf dem Rücken

Wettrennen rivalisierender Pelzhändler in Rindenkanus zu einem Indianerlager
(Frederic Remington).

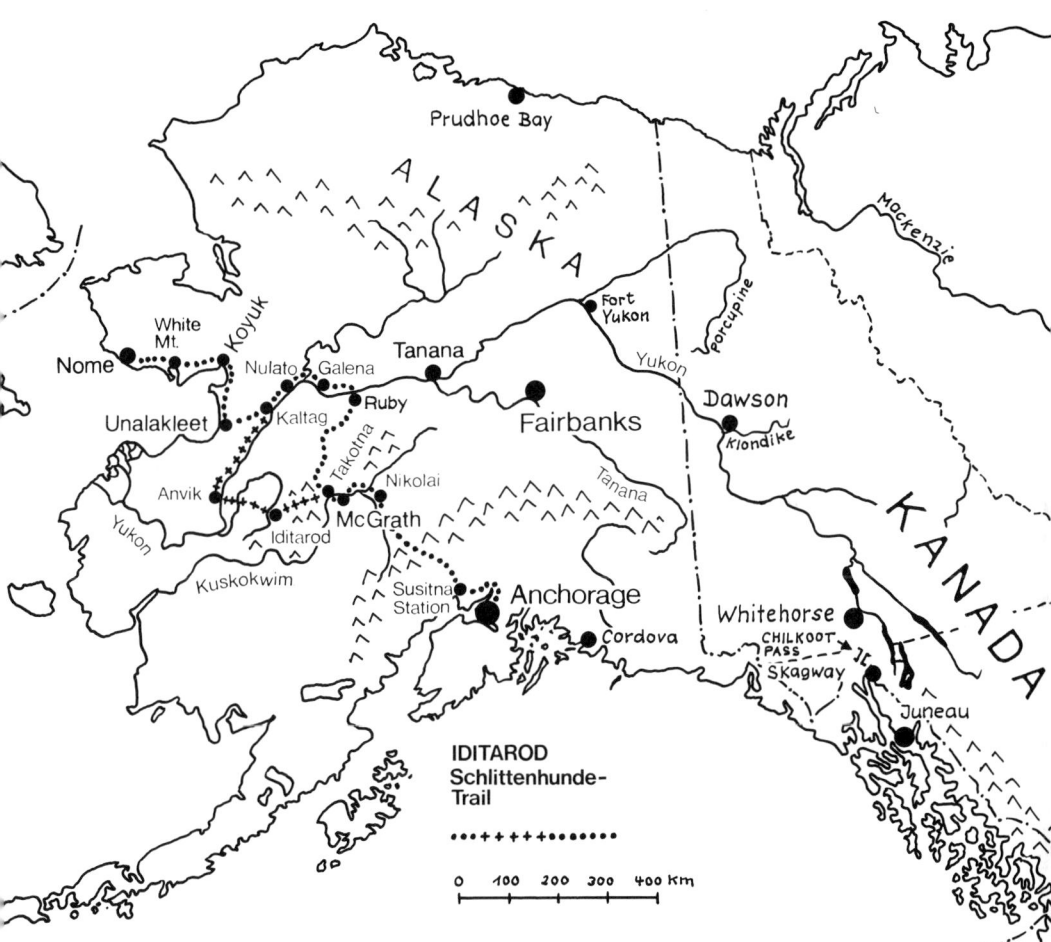

Alaska und das kanadische Yukon-Territorium. Von Skagway an der Küste Südalaskas aus führte der Chilkoot-Trail die Goldsucher über den Chilkoot-Paß hinüber ins Tal des Yukon River. Auf Flößen ging es dann den Yukon hinunter nach Dawson und zu den Goldfeldern am Klondike. Abenteuer heute: Der Iditarod Schlittenhunde Trail von Anchorage nach Nome.

den steilen Chilkoot-Paß hinauf. Insgesamt eine Tonne Lebensmittel und Ausrüstung mußte jeder Goldsucher über den Paß schleppen, der kanadisches Territorium betreten wollte. Tausende der Männer erreichten jedoch die Goldfelder am Klondike nie. Sie starben zuvor an

Erschöpfung, Hunger, Kälte oder an Krankheiten. Die Versorgung der einsamen Goldsuchercamps abseits der Küste und des Yukon River erfolgte durch Hundegespanne, die Lebensmittel, Ausrüstung und die Post zu den Claims transportierten und das gewonnene Gold nach Dawson, Fairbanks oder Whitehorse brachten.

Jack London, der selbst als junger Mann über den Chilkoot-Paß ins Goldland gekommen war, hat in seinen großartigen Geschichten das Alaska zur Zeit des Goldrauschs mit seinen Goldsuchern, Trappern, Indianern, Spielern, Verbrechern, Feiglingen, echten Männern und – Schlittenhunden für die Nachwelt festgehalten. Etwas von dieser faszinierenden Welt Jack Londons erwacht wieder zu neuem Leben, wenn in jedem Jahr das wohl bekannteste Schlittenhunderennen, das „Iditarod", stattfindet. „The Last Great Race on Earth", wie die Amerikaner es in aller Bescheidenheit nennen, führt über mehr als 1700 km von Anchorage an der Südküste Alaskas über die Gebirgskette der Alaska Range, die Kuskowim Mountains, das Tal des Yukon River zum Norton Sound

„The Last Great Race on Earth" – vor dem Start…

... auf dem Trail.

an der Ostküste des 49. Bundesstaates der USA und weiter bis nach Nome, der Boomtown von 1899, wo Tausende von Goldsuchern im Küstensand der Beringsee nach dem gelben Metall schürften.

Aber nicht nur bei der Erforschung und Erschließung Kanadas und Alaskas durch die Europäer spielten Schlittenhunde eine hervorragende Rolle, auch die Eroberung des Nordpols durch Robert Peary 1909 und des Südpols durch Roald Amundsen 1911 waren nur dank der unermüdlichen Schlittenhunde möglich. Die Vierbeiner hatten dabei noch die undankbare Aufgabe, den Männern auf den Expeditionen nicht nur als Lastenzieher, sondern auch als „lebender Notproviant" zu dienen.

Kapitel 2:

Schlittenhunderassen

Vom „Deutschen Club für Nordische Hunde" (DCNH) mit derzeit
etwa 2000 Mitgliedern (Tendenz steigend) werden über 20 verschiedene
Hunderassen betreut. Diese werden in 4 Gruppen unterteilt:

1. Schlittenhunde
2. Nordische Jagdhunde
3. Nordische Wach- und Hütehunde
4. Asiatische Spitze

Die Gruppe der Schlittenhunde wird eingeteilt in

1. Alaskan Malamute
2. Grönlandhunde
3. Samojeden
4. Siberian Huskies

Alaskan Malamute

„Alyeska – Alaska – weites Land. Schwere Frachten mußten in dieser
arktischen Region in unwirtlichem Gelände und über lange Distanzen
transportiert werden, und die dem 49. Staat der USA eigene Hunderasse
entwickelte sich zur ‚Frachtlokomotive des Hohen Nordens'. Der phy-

Tigara's Far-Land Ooloolik. Alaskan Malamute. Helly Vogt, CH.

sisch große und sehr kräftige Hund mit überdurchschnittlicher Leistungsfähigkeit besitzt – und gerade dies dürfte wohl die Faszination dieser Rasse ausmachen – ein sehr zutrauliches, tolerantes, ja sogar sanftes
Wesen. Er ist ein aufgeschlossener, zuverlässiger Kamerad, der **Alaskan
Malamute**, und auch von beachtlicher Gelehrigkeit.

Die Rasse wurde nach dem längs den Ufern des Kotzebue-Sound im
nordwestlichen Alaska angesiedelten Eskimostamm, den ‚Mahlemiuts‘,
benannt. Sie galten als ein Stamm von hochstehendem Typus, waren
große, imposante Menschen, glücklich und liebenswürdig, arbeiteten
sehr hart, waren geschickt im Fischen und Jagen, fertigten perfekte
Schlitten und besaßen Hunde von bemerkenswerter Schönheit und Ausdauer.

In keinem der unzähligen Expeditionsberichte wurden diese Eingeborenen erwähnt, ohne daß nicht auch die Rede von ihren bestechenden,
arbeitswilligen und unermüdlich scheinenden Hunden mit ihrem typi-

schen Doppel-Mantel die Rede gewesen wäre. Auch fiel ihre Geschick-
lichkeit im Umgang mit ihren Hunden und das gegenseitige gute Einver-
nehmen auf.

Auf Grund der erwähnten Gelehrigkeit des Alaskan Malamute war es
auch möglich, ihn als Tragtier (Pack-Dog) zum Transport von Gütern in
unwegsamem, für Schlitten unpassierbarem Gelände einzusetzen. Er war
und ist auch der zuverlässige, oft einzige Gefährte der umherziehenden
Trapper in der stillen Wildnis des Hohen Nordens.

Er gilt als ‚König der Hunde‘, der Alaskan Malamute, und wir alle, die
wir ihn schätzen und lieben, wollen dafür besorgt sein, daß er ein König
bleiben kann, und wir ihn nicht zu einem nutzlosen, unbeschäftigten und
unglücklichen Wesen verkommen lassen. Wenn er nicht, was nach wie
vor als die Ideallösung zu betrachten ist, als Schlittenhund eingesetzt
werden kann, so soll ihm in jedem Falle Ersatzbeschäftigung geboten
werden, sei es durch ausgedehnte Wanderungen, Skitouren, Aufenthalte
zusammen mit seinen menschlichen Gefährten in der freien Natur, sei es,
daß er als Begleithund angelernt oder eben auch als Pack-Dog eingesetzt
wird. So wird der sanfte ‚Grizzly‘ zu einem unbeirrbaren Kameraden.“
(Helly Vogt, Zuchtwartin des SKNH).

Standard für den Alaskan Malamute
(anerkannt vom AKC 1960, anerkannt von der FCI 1966)

Allgemeines Erscheinen und Benehmen

Der Alaskan Malamute ist ein kräftiger und substantiell gebauter
Hund mit tiefer Brust, einem starken, kompakten, jedoch nicht zu sehr
gedrungenen Körper und einem üppigen, rauhen Schutzmantel von
genügender Länge – beim Hund im vollen Haarkleid 1–2 inches
(=2,54–5,08 cm) –, um den dichten, wolligen inneren Mantel zu schützen.

Der Alaskan Malamute steht gut auf seinen Fußballen, und diese Pfo-
tenstellung erweckt den Eindruck von höchster Aktivität und zeigt
Interesse und Neugierde. Der Kopf ist breit, Ohren keilförmig zuge-

spitzt und bei Aufmerksamkeit aufrecht getragen. Die Schnauze ist massiv und in Breite und Tiefe nur unwesentlich zugespitzt von der Wurzel bis zur Nase; sie ist nicht spitz oder lang, aber auch nicht stumpf.
Der Alaskan Malamute bewegt sich in stolzer Haltung mit aufrecht getragenem Kopf und aufmerksamen Augen.
Die Gesichtsabzeichen stellen ein bezeichnendes Hauptmerkmal dar. Diese bestehen entweder aus einer sich über den Kopf ziehenden Haube, wobei der Rest des Gesichts von einheitlicher Farbe, meist gräulich-weiß bleibt oder aber aus einer maskenartigen Gesichtszeichnung. Kombination von Haube und Maske ist häufig.
Die Rute gleicht einer Schmuckfeder und wird über dem Rücken getragen, nicht wie ein Fuchsschwanz oder stark geringelt, sondern eher wie ein wehender Federbusch.
Alaskan Malamutes sind von verschiedener Farbe, doch meist wolfsgrau oder schwarz und weiß. Die Pfoten gleichen Schneeschuhen, sind eng und tief, und die Sohlen sind gut gepolstert und erscheinen stark und kompakt. Die Vorderläufe sind gerade mit schweren Knochen. Die Hinterläufe sind breit und kraftvoll, leicht gewinkelt und nicht kuhhessig. Der Rücken ist gerade, von vorn nach hinten zu leicht abfallend. Die Lenden sollen nicht so kurz oder eng sein, daß sie eine leichte, unermüdliche Bewegung behindern.
Ausdauer und Intelligenz werden durch Körper und Gesichtsausdruck widergespiegelt. Die Augen erwirken durch ihre Schrägstellung ein „wolfsähnliches" Aussehen, doch ist der Ausdruck sanft und zeigt eine herzlich zugetane Gemütsart.

Temperament

Der Alaskan Malamute ist ein liebevoller, freundlicher Hund. Er ist kein Einmann-Hund, sondern ein loyaler, ergebener Kamerad, bei Veranlassung spielerisch, im allgemeinen aber sehr eindrucksvoll durch seine Würde nach Erreichen der Volljährigkeit.

Kopf

Der Kopf soll einen hohen Grad an Intelligenz zum Ausdruck bringen. Er ist breit und kräftig im Vergleich zu anderen „Natur"-Rassen, sollte aber in gutem Verhältnis zur Größe des Hundes stehen und den Hund nicht plump oder grob erscheinen lassen.

Schädel

Der Schädel ist zwischen den Ohren breit, gegen die Augen zu allmählich schmäler werdend, zwischen den Ohren leicht gerundet, und gegen die Augen zu sich etwas verflachend sowie die an und für sich ziemlich flachen Wangen abrundend. Zwischen den Augen tritt eine kleine Stirnfalte auf; obere Kopf- und obere Schnauzen-Linie werden nur durch einen unwesentlichen Stop unterbrochen.

Schnauze

Die Schnauze soll breit und massiv im Verhältnis zur Größe des Kopfes sein, in Breite und Tiefe nur unwesentlich zugespitzt von der Wurzel bis zur Nase. Lefzen eng anliegend, Nase schwarz, Ober- und Unterkiefer breit und mit einem kräftigen Gebiß besetzt, Scherengebiß, niemals Vor- oder Überbeißer.

Augen

Braun, mandelförmig, mäßig groß für diese Augenform, schräg eingesetzt. Dunkles Auge bevorzugt.

Ohren

Die Ohren sollten von mittlerer Größe sein, doch klein im Verhältnis zur Größe des Kopfes. Die obere Hälfte des Ohres bildet ein Dreieck. Ohren an der Spitze leicht gerundet, weit auseinanderliegend. Der Ohrenansatz bildet eine fortlaufende Linie mit der oberen Augenecke, was den Ohrenspitzen, werden sie gestellt, den Anschein gibt, als stünden sie vom Kopfe ab. Stellt der Alaskan Malamute die Ohren, so sind diese stets etwas nach vorne gekippt, doch während der Arbeit trägt er sie oft an den Kopf angeschmiegt. Hoch angesetzte Ohren sind fehlerhaft.

Genick

Das Genick soll kräftig und leicht gerundet sein.

Körper

Brust kräftig und tief, Körper kräftig und kompakt, jedoch nicht zu gedrungen. Rücken gerade und nach hinten zu leicht abfallend. Flanken sehr muskulös und nicht zu kurz, damit eine leichte, rhythmische und mit Kraft verbundene Bewegung der Hinterhand nicht beeinträchtigt wird. Lange Flanken, die den Rücken schwächen, sind ebenfalls fehlerhaft. Kein übertriebenes Gewicht.

Schultern, Läufe und Pfoten

Schultern leicht abgeschrägt, Vorderläufe mit schweren Knochen und muskulös, gerade bis zur Fessel, welche kurz und kräftig und von der Seite gesehen annähernd senkrecht sein muß. Große, kompakte Pfoten, Zehen dicht aneinander und gut gerundet, Ballen dick und hart, Krallen kurz und hart, zwischen den Zehen schützende Haare. Hinterläufe breit und kräftig und speziell die Schenkel außerordentlich muskulös, mittlere Winkelung, Sprunggelenke breit und kräftig mit mittlerer Winkelung, tiefliegend. Von hinten gesehen sollen die Hinterläufe keine Biegung aufweisen, sondern beim Stehen und in der Bewegung in gerader Linie mit den Vorderläufen liegen, wobei die Läufe nicht zu nah oder zu weit auseinanderliegen. Die Läufe des Alaskan Malamutes müssen eine ungewöhnliche Härte und Triebkraft anzeigen. Jedes Anzeichen von Schwäche in Läufen und Pfoten, sei es in der Ruhestellung oder in der Bewegung, ist als schwerwiegender Fehler zu betrachten. Afterklauen an den Hinterläufen sind unerwünscht und sollten kurz nach Geburt der Welpen entfernt werden.

Rute

Mittelhoch angesetzt und der Linie der Wirbelsäule am Rutenansatz folgend, dicht behaart und über dem Rücken getragen, wenn der Hund nicht arbeitet, und zwar nicht eng geringelt oder dem Rücken aufliegend oder wie ein Fuchsschwanz getragen, sondern eher wie eine wehende Schmuckfeder.

Fell

Der Alaskan Malamute soll einen dicken, rauhen Schutzmantel aufweisen, nicht zu lang und nicht zu weich. Die Unterwolle ist dicht, 1–2 inches (=2,54–5,08 cm) lang, ölig und wollig. Der rauhe Schutzmantel steht vom Körper ab, und der Hals ist umgeben von einem dicken Pelz. Der Schutzmantel variiert in der Länge wie auch die Unterwolle, doch ist der Mantel im allgemeinen mäßig kurz bis mittellang an den Seiten, wobei die Haarlänge etwas zunimmt an Schultern und Hals über den Rücken und Rumpf, sowie an Hinterhand und Fahne. Alaskan Malamutes haben im allgemeinen kürzeres und weniger dichtes Haar, wenn während der Sommermonate ein Haarwechsel erfolgte.

Farbe und Abzeichen

Die üblichen Farben spielen vom hellen Grau durch alle Schattierungsstufen bis zu Schwarz. Körperunterteile, Läufe, Pfoten und Teile der Abzeichen sind stets weiß. Abzeichen im Gesicht sind stets hauben- und/oder maskenartig. Blesse am Vorderkopf und/oder weißer Kragen oder weißer Fleck am Nacken sind attraktiv und zulässig. Aber unterbrochene Färbung, die sich über den Körper in Flecken oder ungleichmäßigen Abzeichen ausdehnt, ist unerwünscht. Man sollte zwischen Mantel-Hunden und gefleckten Hunden unterscheiden. Die einzige zugelassene einheitliche Farbe ist ganz weiß.

Größe

Es besteht bei dieser Rasse eine natürliche Variation der Größe. Die erwünschten Größen für Schlittenzugarbeit sind bei Rüden: Schulterhöhe 25 inches (63,5 cm), 85 pounds (38,55 kg), bei Hündinnen: Schulterhöhe 23 inches (58,42 cm). 75 pounds (34,02 kg). Jedoch soll die

Größe eines Hundes den Typus, die Proportionen und die funktionellen Attribute wie Schultern, Brust, Läufe, Pfoten und Gangart an Wichtigkeit nicht übertreffen. Werden Hunde in Typ, Proportion und Bewegung als ebenbürtig betrachtet, so ist demjenigen der Vorzug zu geben, der dem erwünschten Maß am nächsten kommt.

Wichtig

Beim Richten von Alaskan Malamutes muß seiner Funktion als Schlittenhund für schwere Lasten vor allem anderen Rechnung getragen werden. Dem Richter muß stets gegenwärtig sein, daß diese Rasse ursprünglich dazu bestimmt war, der Schlittenhund des Nordens für schwere Arbeit zu sein, und deshalb muß er ein schwerknochiger, kraftvoller, kompakter Hund mit gesunden Läufen, guten Pfoten, tiefer Brust, kräftigen Schultern mit beständiger, ausgeglichener, unermüdlicher Gangart und anderen physischen Qualitäten, die zur tadellosen Ausübung seiner Aufgaben nötig sind, sein. Er ist nicht dazu bestimmt, als Rennschlitten-Hund sich im Tempo mit den kleineren nordischen Rassen zu messen. Der Alaskan Malamute, ein Schlittenhund für schwere Lasten, ist bestimmt für harte und ausdauernde Arbeit, und irgendein Merkmal bei jedem einzelnen Exemplar inklusive Temperament, das die Erfüllung dieses Zwecks behindern könnte, ist als gewichtiger Fehler zu betrachten. Fehler in dieser Hinsicht sind offene Pfoten, irgendwelche Anzeichen von Krankheit oder Schwäche der Läufe, Kuhhessigkeit, schlechte Fesseln, gerade Schultern, mangelnde Winkelung, gestelzte oder jede nicht gut ausgeglichene, nicht kraftvolle und nicht ausdauernde Gangart, Ungelenkigkeit, Weichheit, Schwerfälligkeit, zu leicht in den Knochen, schlecht in Proportion und ähnliche Merkmale.

Grönlandhund. Heinrich Dröge.

Grönlandhund

„Wem sind sie nicht bekannt, die attraktiven Bilder von **Grönland-hunden**, die in Fächergespannen übers Inlandeis der größten Insel unse-rer Erde dahineilen. Schwere Lasten sind auf die robusten Schlitten gepackt, der Gespannführer hat alle Mühe, im unwegsamen, unwirtli-chen Gelände seine Hunde unter Kontrolle zu halten, die Gletscherspal-ten geschickt zu umfahren und sich gegen die bissige Kälte zu schützen.

Dieses klimatisch harte Umfeld hat den Hund dieser Region geprägt und geformt. Ein Hund, der körperlich in der Lage und psychisch wil-lens war und es trotz der mehr und mehr aufkommenden Motorschlitten immer noch ist, seinem menschlichen Gefährten mit letztem Einsatz dienlich zu sein. Ein Überleben der Eskimos, der Eingeborenen dieses Landes, war ja überhaupt nur durch den körperlichen Einsatz, den guten Orientierungs- und Spürsinn dieser Hunde, ihre unglaubliche Flexibilität in jeder Beziehung, durch ihren ausgeprägten Willen und ihre bedingungslose Bereitschaft zur Arbeit möglich.

Das Spektrum eines Grönlandhundes ist enorm breit gefächert, er ist noch immer ein absoluter Naturbursche und wohl der ‚Rauhste' unter den Schlittenhunden, womit allerdings lediglich seine physische Härte und Ausdauer gemeint ist, nicht aber etwa Aggressivität dem Menschen gegenüber.

Der Grönlandhund hat ein ausgesprochenes Meuteverhalten, und so richtig geborgen fühlt er sich wohl nur in einer Meute von Gleichartigen, wobei die Meute auch aus nur wenigen Hunden bestehen kann. Leben in der Meute, das ist ‚action'. Daß es dabei nicht immer zimperlich zugeht, versteht sich. Der Mensch kann nur staunen, wenn er sich die Mühe macht, den hierarchischen Aufbau und die durch mannigfache Einflüsse möglichen Änderungen in dieser Hierarchie zu beobachten und zu erkennen.

Der Grönlandhund ist und bleibt ein Leistungshund, ein Schlittenhund, und darüber sollte sich jeder im klaren sein, der mit dem Gedanken spielt, sich einen Grönlandhund anzuschaffen. Es handelt sich bei ihm um ein sehr kompetentes, leistungsfähiges Tier mit viel Persönlichkeit. Auf jeden Fall muß ihm eine geeignete Beschäftigung und Lebensweise geboten werden; für alles andere ist diese herrliche Rasse ganz einfach zu schade." (Helly Vogt, Zuchtwartin des SKNH).

Standard für den Grönlandhund
(anerkannt vom Schwedischen Kennel Club 1950, von der FCI 1967)

Allgemeine Erscheinung

Der Grönlandhund ist ein starker Polarhund, gebaut für ausdauernde, harte Arbeit als Schlittenhund unter arktischen Bedingungen.

Kopf

Der Schädel ist breit und leicht gewölbt. Der Stop ist deutlich, aber nicht ausgeprägt. Die Schnauze ist keilförmig und kräftig, breit an der Wurzel und gegen vorne zu schmäler werdend, ohne aber spitz auszulaufen. Der Nasenrücken soll gerade und breit sein, die Nase selbst soll im Sommer schwarz, darf aber im Winter fleischfarben sein. Die Lefzen sind dünn und eng geschlossen. Das Gebiß ist außerordentlich kräftig. Scherengebiß.

Augen

Dunkle Augen werden vorgezogen, aber die Tönung darf der Fellfarbe entsprechen. Sie sind leicht schräg eingesetzt, dürfen nicht hervorstehen, sollen aber auch nicht zu tief liegen. Der Ausdruck ist frei und furchtlos.

Ohren

Aufrechtstehend, relativ klein, dreieckig mit leicht abgerundeter Spitze.

Hals

Sehr kräftig und kurz.

Rumpf

Die Widerristhöhe ist etwas geringer als die Körperlänge. Der Rumpf soll sehr stark und gut bemuskelt sein. Die Brust breit und tief, der Rükken gerade, die Lenden breit, die Kruppe leicht abfallend. Der Bauch soll mit der Brustunterseite eine Linie bilden und ist nicht aufgezogen.

Gliedmaßen

Vorder- und Hinterläufe sollen absolut gerade sein, wenn von vorne oder von hinten betrachtet. Kräftige Bemuskelung und schwere Knochen. Die Ellenbogen sind frei, aber dem Körper eng anliegend. Die Hinterläufe sind nur leicht gewinkelt. Die Pfoten sind relativ groß, kräftig, rund mit starken Krallen und widerstandsfähigen Ballen.

Rute

Buschig und eher kurz, hoch angesetzt und kräftig geringelt.

Fell

Doppelmantel, bestehend aus weicher und dichter Unterwolle und Deckhaar, welches aus langen, rauhen, geraden und dichten Haaren besteht. Das Haar ist nicht wellig und bildet keine Locken. Am Kopf und an den Gliedmaßen ist das Haar eher kurz, am Rumpf ziemlich lang und reich, ebenso an der Rutenunterseite, was ihr das buschige Aussehen verleiht.

Farbe

Alle Farben sind zugelassen und gleichwertig, gleichgültig ob einfarbig oder gefleckt. Nur Albinos sind zu disqualifizieren.

Schulterhöhe

Mindesthöhe für Rüden 60 cm; für Hündinnen 55 cm.

Humoresque Quite Easy Al. Samojede.

Samojede

„Die Samojeden, die heute als Nenzen bezeichnet werden und im Norden Rußlands in drei nationalen Kreisen an der Barents- und Karasee als größtenteils seßhafte Renzüchter, Jäger und Fischer leben, waren früher Nomaden, die mit ihren Rentierherden umherzogen. Begleitet wurden sie dabei von ihren Hunden, die eingesetzt wurden, wo und wie es die Lage gerade erforderte, sei es zum Hüten der Herden, zum Ziehen von Lasten oder als zuverlässige Helfer bei der Jagd auf wehrhaftes Wild.

Es bestand eine echte Lebensgemeinschaft zwischen Mensch und Hund. Werfende Hündinnen wurden in die Zelte aufgenommen. Besonders in der kalten Jahreszeit hielten sich die Hunde des nachts im Innern auf, wohl nicht zuletzt auch zu dem Zweck, die Kleinkinder der Familien wärmen zu helfen.

Auch dieser nordische Schlittenhund trägt den alten Namen des Volksstammes, mit dem er seit jeher verbunden war. Der **Samojede**, der große weiße Hund mit dem ‚lächelnden Gesicht'. Daß dieser Hund hart arbeiten kann, ist aus zahlreichen Expeditionsberichten zu entnehmen; am bekanntesten sind wohl die Samojeden-Hunde geworden, die zu den Forschungsreisen von Fritjof Nansen, von Scott und anderen ihren tatkräftigen Beitrag leisteten.

Die Sanftmut, die zufriedene und freundliche Charaktereigenschaft der ursprünglichen Völker der Arktis, sind auch deren Hunden eigen, und es kommt nicht von ungefähr, daß der Amerikaner den ‚Sammie' als ‚Christmas-Dog' bezeichnet, und der Schlitten des Weihnachtsmannes in den Vereinigten Staaten wird meist von einem Samojeden-Gespann gezogen.

Die Neigung zur Hütehund-Tätigkeit ist dem Samojeden inzwischen verlorengegangen, die Lust am Verbellen ist ihm jedoch geblieben. Nach wie vor ist seine Leistungsfähigkeit präsent, und es ist durchaus möglich, ihn als Schlittenhund im Gespann arbeiten zu lassen und ihm so die nötige ihm angepaßte Beschäftigung zu bieten.

Sein Arbeitswille, sein Temperament und auch seine ausgesprochene Bereitschaft, seinem menschlichen Gefährten nützlich zu sein, ihm zu gefallen, ermöglichen auch eine Arbeit als Begleit-, Sanitäts- oder Lawinenhund. Auch die neue kynologische Sparte ‚Agility' liegt dem Sammie in gewisser Weise. Dabei darf man aber niemals vergessen, daß wir es mit einem eigenständigen, selbstbestimmenden nordischen Hund zu tun haben und er in bezug auf Ausführung und Perfektion nicht mit den landesüblichen Gebrauchshunden verglichen werden darf.

Ein gefälliger, hübscher und umgänglicher Hund. Aber auch er ist ein ursprünglicher Schlittenhund, der bewegt und ausgiebig beschäftigt werden will." (Helly Vogt, Zuchtwartin des SKNH).

Standard für den Samojeden

(Als erste Schlittenhunderasse bereits Ende des vergangenen Jahrhunderts in England anerkannt. Der englische Standard wurde auch vom FCI 1991 anerkannt)

Allgemeines Erscheinungsbild

Der Samojede ist ein nahezu quadratischer arktischer Spitz. Elegant in der Erscheinung, stellt er ein Bild von Kraft, Anmut, Behendigkeit, Würde und Selbstvertrauen dar.

Kopf

Kräftig, mit keilförmigem, leicht gewölbtem Schädel. Gut erkennbarer Stirnabsatz (Stop). Fang kräftig und tief, seine Länge entspricht in etwa der des Schädels, und er verjüngt sich zur Nase hin gleichmäßig. Nasenrücken gerade. Straffer Lefzenschluß, Lefzen etwas fleischig (dick). Gut entwickelter Nasenschwamm. Das Maul sollte in den Mundwinkeln leicht nach oben gebogen sein, daraus ergibt sich das „Samojeden-Lächeln".

Gebiß

Scherengebiß

Augen

Dunkelbraun, tiefliegend, mit intelligentem Ausdruck. Gut auseinander- und leicht schrägliegend, mandelförmig.

Ohren

Hoch und weit voneinander angesetzt, verhältnismäßig klein, dreieckig, aufgerichtet, beweglich und an den Spitzen leicht abgerundet.

Hals

Kräftig, mäßig lang und stolz aufrecht getragen.

Körper

Die Körperlänge übertrifft leicht die Höhe des Widerrists. Tief und kompakt (gedrungen), jedoch nicht schwerfällig. Rücken von mittlerer Länge, muskulös und gerade. Üppige Halskrause. Hündinnen dürfen im Rücken etwas länger als die Rüden sein. Sehr kräftige Lendenpartie, Bauch mäßig aufgezogen. Von vorne betrachtet ist die Brust breit und tief, jedoch nicht tonnenförmig. Gut gewölbte Rippen. Volle, kräftige, muskulöse und leicht abfallende Kruppe.

Vor- und Hinterhand

Gut gestellt und muskulös, mit ausgesprochen kräftigen Knochen. Lange, straffe und schrägliegende Schultern. Von vorne gesehen sind die Vorderläufe gerade und die Ellenbogen liegen dicht am Körper an. Vordermittelfuß kräftig, jedoch geschmeidig. Von hinten betrachtet sollten die Hinterläufe gerade und parallel und mit sehr kräftiger Muskulatur ausgestattet sein. Knie- und Sprunggelenke gut gewinkelt, Sprunggelenke tiefstehend. Die Afterkrallen sollten bei den Welpen im Alter von 3–4 Tagen entfernt werden.

Pfoten

Oval und elastisch, mit leicht gewölbten und geringfügig gespreizten Zehen.

Bewegung

Der Samojede ist ein Traber. Die Gangart sollte frei und kraftvoll sein, mit gutem Vortritt und starkem Schub.

Rute

Bei Aufmerksamkeit und in der Bewegung wird die Rute nach vorne gebogen und über dem Rücken oder an der Seite getragen. In Ruhestellung darf die Rute jedoch hängen und reicht dann bis zu den Sprunggelenken.

Haarkleid

Reiche, schwere, elastische und dichte Behaarung. Der Samojede ist ein Hund mit doppeltem Haarkleid; mit kurzer, weicher und dichtgeschlossener Unterwolle und mit langem, geradem und hartem Haar, welches durch die Unterwolle wächst und so das Deckhaar bildet. Das Haarkleid sollte an Hals und Schultern einen Kragen und eine Halskrause bilden, welche – speziell bei den Rüden – den Kopf umrahmt. An der Außenseite der Ohren, am Kopf und an den Vorderseiten der Läufe ist das Haar kurz und glatt. Die Innenseite der Ohren sollte gut behaart und zwischen den Zehen soll schützendes Haar vorhanden sein. Die Rute sollte üppig behaart sein. Das Haarkleid der Hündinnen ist häufig kürzer und von weicherer Beschaffenheit als das der Rüden.

Farbe

Weiß, Creme oder Weiß mit Biskuit (hierbei ist die Grundfarbe Weiß mit geringen Biskuitschattierungen). Es darf jedoch nicht der Eindruck eines hellen (ausgewaschenen) Braun entstehen. Nase, Lefzen und Augenlider schwarz. Der Nasenschwamm ist manchmal leberbraun und weist einen geringfügigen Pigmentverlust auf.

Größe

Ideale Größe für Rüden: 57 cm +/− 3 cm
Hündinnen: 53 cm +/− 3 cm

1 Lagebesprechung

2 Bei der Mutter fühlen sie sich am wohlsten.

3   Am Sonntagmorgen schon unterwegs.

4   Bis zu einem Drittel seines eigenen Körpergewichts kann ein Siberian Husky
     in den Packtaschen tragen.

5 „Na ja,... ... ganz schön stark,... ... so ein Husky ...

aber wehe, wenn der ... ... mit den gefüllten Packtaschen ...

... zur Erfrischung ... ... ein Vollbad nimmt!"

6   Am Albtrauf. Verdiente Rast mit Blick ins Tal.

7   Drei Hunde vor dem Trainingswagen machen ganz schön Tempo.

„Agility" – eine sinn-
volle Art des Trainings,
die Spaß macht!

Schwere Fehler

Gelbe Augen, Flatterohren, niedriger Stand, schwache Knochen.
Starke Kuhhessigkeit. Welliges oder langes, weiches, nicht abstehendes
Haarkleid. Rüden, die nicht maskulin und Hündinnen, die nicht feminin
erscheinen. Doppelt gerollte Rute. Zurückhaltendes Wesen.

Disqualifizierende Fehler

Blaue oder unterschiedliche Augenfarbe. Vor- oder Rückbeißer
(Gebißstellung). Jede andere als im Standard vorgesehene Farbe des
Haarkleides. Scheues oder aggressives Wesen.

Anmerkung

Rüden sollten zwei offensichtlich normal entwickelte Hoden aufweisen, die sich vollständig im Skrotum befinden.

Bemerkungen zum Samojeden-Standard

Jede Abweichung vom Standard ist ein Fehler und soll im Verhältnis zu den Vorzügen eines Hundes, seines Gesamteindrucks und seiner Konstitution entsprechend angemessen gewertet werden. Abweichungen, die für die Rasse atypisch sind und Abnormitäten sind disqualifizierend.

Gebiß: Zum Gebiß gehören nicht nur die Zähne, sondern auch die Kiefer, welche gut entwickelt sein sollten.

$$\text{Zahnformel: } 2 \times \frac{3142 \text{ Oberkiefer}}{3143 \text{ Unterkiefer}} = 42 \text{ Zähne}$$

Black Bandit. Siberian Husky. Siegfried Fetzer.

Siberian Husky

Der Siberian Husky darf von allen bei uns vertretenen Schlittenhunderassen wohl den höchsten Bekanntheitsgrad für sich in Anspruch nehmen. Sein attraktives Aussehen, der Farbkontrast seines Fells, schräge, stahlblaue oder braune Augen (manche Huskies haben sogar ein blaues und ein braunes Auge), die seinem Gesicht einen schelmischen Ausdruck verleihen, machten ihn bei Hundefreunden so populär, daß das Wort „Husky" bei vielen schlechthin das Synonym für Schlittenhund geworden ist.

Die Faszination blauer Augen sollte jedoch nicht das ausschlagge-
bende Kriterium bei der Auswahl eines Schlittenhundes sein. Denn trotz
seiner freundlichen und sympathischen Ausstrahlung ist der Siberian
Husky ein echter Gebrauchshund, der gefordert werden will, soll er
nicht aus lauter Langeweile auf dumme Gedanken kommen. Wenn es
darum geht, vor den Schlitten oder Wagen gespannt, auf langen Strecken
Ausdauer und Leistung zu zeigen, läßt sich der Siberian Husky so schnell
von keiner anderen Schlittenhunderasse übertreffen.

Ursprünglich in Ostsibirien beheimatet, gelangten die ersten Siberian
Huskies zu Beginn dieses Jahrhunderts nach Alaska, wo sie sich, anfangs
wegen ihrer geringeren Körpergröße belächelt, alsbald erfolgreich durch-
setzten. Der berühmte Schlittenführer Leonhard Seppala z. B. errang
seine Rennerfolge mit Husky-Gespannen. Nach Mitteleuropa kamen die
ersten Siberian Huskies in den fünfziger Jahren, wo ihre Zahl seither
sprunghaft angestiegen ist.

Standard für den Siberian Husky
(anerkannt vom AKC 1971, von der FCI 1973)

Allgemeine Erscheinung

Der Siberian Husky ist ein mittelgroßer Arbeitshund, flink und leicht
auf den Füßen, frei und elegant in der Bewegung. Sein mäßig kompakter,
dicht behaarter Körper, die aufrecht stehenden Ohren und die buschige
Rute sind Zeichen der nordischen Herkunft. Seine charakteristische
Gangart ist flüssig und scheinbar mühelos. Er ist nach wie vor äußerst
fähig, seine ursprüngliche Funktion als Schlittenhund zu erfüllen und
zieht leichtere Ladung mit mäßiger Geschwindigkeit über große Distanzen. Seine Körperproportionen und seine Körperform widerspiegeln
dieses grundlegende Gleichgewicht von Kraft, Geschwindigkeit und
Ausdauer. Die Rüden der Rasse Siberian Husky sind maskulin, aber nie
ungeschliffen-grob, die Hündinnen sind feminin, jedoch ohne Schwach-
heit der Struktur. Ein Siberian Husky in guter Kondition hat eine kräftige und gut entwickelte Muskulatur und kein überflüssiges Fett.

Kopf

Schädel

Von mittlerer Größe und in guter Proportion zum Körper, oben leicht gerundet und von der breitesten Stelle gegen die Augen zu allmählich enger werdend.

Fehler: Plumper und schwerer Kopf; zu fein gemeißelter Kopf.

Schnauze

Von mittlerer Länge, d. h., die Distanz von der Nasenspitze zum Stop ist gleich der Distanz vom Stop zum Hinterkopf. Der Stop ist deutlich ausgeprägt und der Nasenrücken verläuft gerade vom Stop zur Nasenspitze. Die Schnauze ist von mittlerer Breite, gegen die Nase zu allmählich schmäler werdend, jedoch weder spitzig noch stumpf endend. Die Lefzen sind gut pigmentiert und eng anliegend. Scherengebiß.

Fehler: Schnauze zu spitz oder zu plump; Schnauze zu kurz oder zu lang; ungenügend ausgebildeter Stop; jede vom Scherengebiß abweichende Zahnstellung.

Ohren

Von mittlerer Größe und dreieckiger Form, relativ eng stehend und hoch angesetzt. Sie sind fest, dicht behaart, auf der Hinterseite leicht gebogen sowie aufrecht, mit leicht gerundeter, gerade nach oben weisender Spitze.

Fehler: Ohren, die zu groß sind in Proportion zum Kopf; zu weit auseinanderstehende Ohren; nicht stark aufrechtstehende Ohren.

Augen

Mandelförmig, nicht zu nah und nicht zu weit auseinanderstehend und ein bißchen schräg eingesetzt. Der Ausdruck ist scharf aber freundlich, interessiert und sogar schalkhaft. Die Augenfarbe ist entweder braun oder blau, wobei ein blaues und ein braunes Auge oder auch zweifarbige (particolored) Augen zugelassen sind.

Fehler: Augen zu schräg eingesetzt oder zu nahe beieinanderstehend.

Nase

Schwarz bei grauen, lohfarbenen oder schwarzen Hunden, leberfarben bei kupferfarbigen Hunden. Bei weißen Hunden darf die Nase fleischfarben sein. Die „Schneenase" mit dem Rosastreifen ist zulässig.

Körper

Hals
Mittellang und gebogen. Im Stand stolz aufrecht getragen. Im Trab wird der Hals ausgestreckt, so daß der Kopf leicht nach vorne gebracht wird.
Fehler: Hals zu kurz und zu dick; Hals zu lang.

Schultern
Das Schulterblatt ist gut zurückgeneigt, ungefähr in einem Winkel von 45° zur Bodenebene. Der Oberarm ist vom Schultergelenk zum Ellenbogen leicht nach rückwärts abgewinkelt und verläuft nie senkrecht zur Bodenebene. Die Muskeln und Sehnen, die den Schultergürtel mit dem Brustkorb verbinden, sind straff und gut gewinkelt.
Fehler: Steile Schultern; lose Schultern.

Brust
Tief und kräftig aber nicht zu breit. Die tiefste Stelle liegt unmittelbar hinter und auf der Höhe der Ellenbogen. Bei ihrem Ansatz an der Wirbelsäule sind die Rippen gut gewölbt, aber auf der Seite der Brust sind sie abgeflacht, um den Bewegungsraum der Vorderextremitäten nicht zu beeinträchtigen.
Fehler: Zu breite Brust; „Faß-Rippen"; zu flache oder zu weiche Rippen.

Rücken
Der Rücken ist gerade und kräftig und verläuft horizontal vom Widerrist zur Kruppe. Er ist mittellang, also weder kurz und gedrungen noch locker und durchhängend infolge zu großer Länge. Die Lenden und die Flanke sind straff und trocken bemuskelt, d. h. nicht fett, schmäler als der Brustkorb. Die Bauchlinie ist leicht aufgezogen. Die Kruppe ist in bezug auf die Wirbelsäule etwas nach hinten abgewinkelt, aber nie so ausgeprägt, daß der Schub der hinteren Extremitäten beengt werden könnte. Von der Seite gesehen ist die Körperlänge, gemessen vom vorderen Ende der Schulterblätter bis zum hinteren Ende der Kruppe, etwas größer als die Körperhöhe, gemessen vom Boden bis zum Widerrist.
Fehler: Schwacher oder durchhängender Rücken, Karpfenrücken, nach vorne oder nach hinten abfallende Rückenlinie.

Läufe und Pfoten

Vorderläufe

Beim stehenden Hund verlaufen die Beine, wenn sie von vorne betrachtet werden, in mäßigem Abstand voneinander, parallel und gerade, mit eng am Körper anliegenden Ellenbogen, die weder einwärts noch auswärts gedreht sind. Von der Seite gesehen ist der Mittelfuß leicht geneigt, mit starkem und flexiblem Fußgelenk. Die Knochen sind kräftig, aber nie schwer. Die Länge des Beines vom Ellenbogen zum Boden beträgt etwas mehr als die Länge vom Ellenbogen zum Widerrist. Afterklauen an den Vorderläufen dürfen entfernt werden.

Fehler: Schwacher Mittelfuß („Fesseln"); zu schwere Knochen; Vorderläufe zu nahe oder zu weit auseinanderstehend; nach innen oder nach außen gedrehte Ellenbogen.

Hinterläufe

Beim stehenden Hund verlaufen die Hinterläufe, von hinten gesehen, in mäßigem Abstand voneinander und parallel. Die Oberschenkel sind gut bemuskelt und kräftig, das Kniegelenk gut gewinkelt, das Sprunggelenk deutlich ausgeprägt und recht tief am Bein liegend. Afterklauen, falls vorhanden, sollen entfernt werden.

Fehler: Gestreckte Knie; kuhhessige Sprunggelenke; Hinterläufe zu nahe oder zu weit auseinanderstehend.

Pfoten

Oval, aber nicht lang. Mittelgroß, kompakt, mit dichter Behaarung zwischen Zehen und Ballen. Die Ballen sind sehr widerstandsfähig und gut gepolstert. Wenn der Hund steht, sind die Pfoten weder nach innen noch nach außen gedreht.

Fehler: Weiche oder gespreizte Zehen; Pfoten zu groß und plump; Pfoten zu klein und zierlich; nach innen oder nach außen gedrehte Pfoten.

Rute

Die reich behaarte Rute von fuchsschwanz-ähnlichem Aussehen ist etwas unterhalb der Ebene der Rückenlinie eingesetzt und wird, wenn der Hund aufmerksam ist, gewöhnlich elegant sichelförmig über dem Rücken getragen. Wenn die Rute hoch getragen wird, so schmiegt sie sich nicht geringelt der Körperseite an, auch wird sie nicht flach auf den Rücken gedrückt. Eine hängende Rute ist normal bei der Zugarbeit oder bei Ruhestellung. Das Haar der Rute ist mittellang und überall von gleicher Länge, was zur Erscheinung eines im Querschnitt runden Haarbusches führt.

Fehler: Eine geknickte, dem Rücken anliegende Rute; zu stark gerollte Rute; Rute mit zu langem, wehendem Haar (Fahne); zu hoch oder zu tief angesetzte Rute.

Gang

Der charakteristische Gang des Siberian Husky ist flüssig und scheinbar mühelos. Er ist flink und leicht auf den Füßen und sollte, wenn er im Ausstellungsring an lockerer Leine in mittelmäßig raschemTrab vorgeführt wird, mit den Vorderextremitäten gut ausgreifen und einen guten Schub der Hinterextremitäten zeigen. Wenn der Hund von vorne nach hinten beim Gehen betrachtet wird, entsteht für jede Pfote eine eigene Trittspur. Wenn nun die Geschwindigkeit zunimmt, so neigen sich die Beine allmählich nach innen, bis die Spuren schließlich auf eine Linie fallen, welche genau unter der Längsachse des Körpers liegt. Wenn die Fußabdrücke auf dieselbe Linie fallen, werden die Vorder- und Hinterextremitäten gerade nach vorne gebracht, weder Ellenbogen noch Sprunggelenke sind dabei nach innen oder außen gebogen. Jede Hinterextremität bewegt sich in der Bahn (Spur) der gleichseitigen Vorderextremität. Beim Gang bleibt die Rückenlinie straff und gerade.

Fehler: Kurzer, sprunghafter oder abgehackter Gang; schwerfälliger oder wellenförmiger Gang; schräger Gang; Übergreifen der Vorderextremitäten durch die Hinterextremitäten.

Fell

Der Siberian Husky besitzt einen Doppelmantel. Das Haar ist mittellang, was zu einer dickfelligen Erscheinung führt, aber nie so lang, daß die klar umrissene Kontur des Hundes verwischt wird. Die Unterwolle ist dicht und weich und von genügender Länge, um den äußeren Mantel zu stützen. Die Grannenhaare des Außenmantels sind gerade und weich-anschmiegend, nie rauh oder gerade vom Körper abstehend. Es ist zu bemerken, daß das Fehlen der Unterwolle während der Haarung normal ist. Das Trimmen oder Schneiden von Haaren an irgendeiner Körper-stelle des Hundes darf nicht geduldet werden und ist streng zu bestrafen.

Fehler: Mantel zu lang, zu hart oder zottig; Textur zu rauh oder zu seidig; Trimmen des Haares.

Farbe

Alle Farben, von Schwarz bis Reinweiß sind zugelassen. Eine Vielzahl von Abzeichen am Kopf ist üblich, davon viele auffallende, die bei ande-ren Rassen nicht auftreten.

Charakter

Der Siberian Husky ist freundlich und sanft, aber auch aufmerksam und an seiner Umwelt sehr interessiert („outgoing"). Er zeigt weder die besitzenden Qualitäten eines Wachhundes noch ist er besonders miß-trauisch gegenüber Fremden oder aggressiv gegenüber anderen Hunden. Ein gewisses Maß an Reserviertheit und Würde darf beim reifen Hund erwartet werden. Seine Intelligenz, seine zugängliche Art („tractability") und sein Eifer machen ihn zu einem angenehmen Freund und willigen Arbeiter.

Größe

Widerristhöhe bei Rüden: 21–23¹/₂ inches (=53,34–59,69 cm).
Widerristhöhe bei Hündinnen: 20–22 inches (=50,80–55,88 cm).

Gewicht

Rüden: 45–60 pounds (=20,43–27,24 kg).
Hündinnen: 35–50 pounds (=15,87–22,68 kg).

Das Gewicht soll in gutem Verhältnis zur Höhe sein. Die angegebenen Massen repräsentieren die Extremgrenzen von Gewicht und Höhe, wobei keine Extremseite speziell bevorzugt werden soll.

Disqualifikation

Rüden über 23^1/$_2$ inches (59,69 cm) und Hündinnen über 22 inches (55,88 cm).

Zusammenfassung

Die wichtigsten Rasseeigenschaften des Siberian Husky sind mittlere Größe, mittelschwere Knochen, ausgewogene Proportionen, Leichtigkeit und Ungezwungenheit der Bewegung, tadelloser Mantel, gefälliger Kopf und Ohren, korrekte Rute und gute Charaktereigenschaften. Jedes Auftreten von zu schweren Knochen oder Zusatzgewicht, eines verkrampften oder plumpen Ganges oder eines langen, rauhen Fells ist zu bestrafen. Der Siberian Husky darf nie so schwer und grob sein, daß er den Eindruck eines Frachtenziehers erweckt, noch soll er so leicht und zerbrechlich sein, um als Sprintrenner zu wirken. Bei beiden Geschlechtern macht der Siberian Husky den Eindruck, als wäre er zu großer Ausdauer befähigt. Neben den bereits speziell erwähnten Fehlern, sind offensichtliche gebäudemäßige Fehler beim Siberian Husky genauso unerwünscht wie bei anderen Rassen, auch wenn sie in diesem Standard nicht im einzelnen aufgezählt werden.

Zweite Story

„Wie ich auf den Hund kam."

Es war Ende der siebziger Jahre, und die Siberian Huskies sah man noch relativ selten bei uns. Eines Tages fuhren wir auf einer Überlandfahrt hinter einer großen Limousine her. Auf der Ablage dieses Wagens lag ein schwarzer, schlafender Hund. Während wir also in mäßigem Tempo hinter dem fremden Wagen herfuhren, hob der Hund plötzlich den Kopf und starrte uns an. Wir blickten in ein Paar stahlblaue Augen – ein Bild von einem Siberian Husky! Noch Wochen nach dieser Begegnung haftete der Anblick in unserem Gedächtnis.

Bald darauf erlitt mein Mann leider einen schweren Verkehrsunfall. Bei seiner Entlassung aus dem Krankenhaus Wochen später stand fest, daß er Sportarten, die er früher mehr oder weniger regelmäßig betrieben hatte, z. B. Tennis und Radfahren, in Zukunft nicht mehr ausüben konnte. Das war ein harter Schlag für ihn, der sich gerne im Freien bewegte. Was kam als Ersatz in Frage?

Einige Zeit später, während einer sonntäglichen Spazierfahrt über die Schwäbische Alb, fiel uns plötzlich ein, daß irgendwo in dieser Gegend ein Züchter von Siberian Huskies wohnen mußte. Es gelang uns auch bald, seinen Wohnsitz ausfindig zu machen.

Und obwohl wir unangemeldet auftauchten, wurden wir freundlich empfangen. Nach einer Tasse Kaffee durften wir dann zu den Hunden in den Zwinger, nicht ohne warnenden Hinweis auf unsere sonntägliche Kleidung. Unsere Neugierde war jedoch größer als die Angst vor einigen Flecken auf Hose oder Rock.

Alsbald fanden wir uns von etwa zwanzig Huskies umringt, die uns interessiert beschnüffelten und dabei freundlich mit dem Schwanz wedelten. Zu unserem Erstaunen hörten wir kein Gebell, wie wir es sonst von anderen Hunden gewöhnt waren. Zu unserer Freude wuselten auch drei Welpen maunzend zwischen den Großen umher. Einer der Welpen, eine schwarz-weiße Hündin mit braunen Augen, hatte es uns sofort angetan. Wieder zu Hause, waren wir nach kurzer Diskussion entschlossen, die kleine Hündin zu kaufen, falls uns zwischenzeitlich nicht schon ein anderer Interessent zuvorgekommen war.

Und wir hatten Glück. Mit dem Züchter wurden wir schnell einig. In den darauffolgenden Wochen besuchten wir „unsere" Hündin, so oft wir konnten. Gelegentlich nahmen wir sie auch schon mal mit nach Hause, um sie an ihre neue Umgebung zu gewöhnen.

Endlich war es soweit. Der Tag stand vor der Tür, an dem wir die kleine Maruschka endgültig zu uns holen wollten. Alles war bestens vorbereitet – Schlafplatz, Futterschüssel, Hütte . . . Dann ein Anruf am Abend: „Maruschka ist tot, ein Unfall im Zwinger . . ." Wir waren fertig. Ich heulte die ganze Nacht.

Tags darauf stand die Frau des Züchters mit dem kleinen roten Rüden aus dem gleichen Wurf vor der Tür. Ein Interessent, der bereits ein Auge auf ihn geworfen hatte, war so entgegenkommend gewesen, auf den nächsten Wurf zu warten. Glück im Unglück.

Micky, wie wir ihn nannten, war ein liebes, tolpatschiges Kerlchen. Und da er uns ja von den vielen Besuchen im Zwinger her kannte, war das Eingewöhnen kein Problem. Sein neuer Zwinger war schnell fertiggestellt, und Micky schien sich darin recht wohl zu fühlen. Bald gab er

Micky, drei Monate alt.

uns aber immer deutlicher zu verstehen, daß er sich nach einem Spielkameraden sehnte. Eine schwarz-weiße Hündin, Nishana genannt, aus einem neuen Wurf unseres Züchters, wurde acht Monate später seine Zwingergenossin. Beide verstanden sich auf Anhieb und tobten nun zusammen im Zwinger herum.

Bald erwies sich der Zwinger als zu klein für zwei Hunde, also hieß es anbauen. Dann brauchte Nishana eine eigene Hütte, also wurde eine zweite Hütte gebaut. Der Auslauf wurde zu eng – wir erweiterten ihn. Nach jedem Regen standen die Hunde im Schlamm und sahen entsprechend aus. So wurde der Auslauf schließlich betoniert. Holzpaletten als Liegeplatz und eine Betonröhre als tolles Versteck ergänzten mit der Zeit die Zwingerausstattung.

Später fingen wir selbst mit dem Züchten an. Eine Hündin aus Frankreich kam auf etwas abenteuerlichem Weg zu uns, ein kupferroter Rüde aus Kanada gesellte sich dazu. Der Zwinger wurde wieder zu klein, also . . . Und alles hatte einmal mit einem Husky auf der Ablage eines vorausfahrenden Autos begonnen.

Kapitel 3:

Auswahl und Kauf eines Schlittenhundes

1. Welche Eigenschaften muß mein Hund haben?

Sie werden sicher nicht von heute auf morgen einen Schlittenhund kaufen. Zuerst werden Sie sich wahrscheinlich überlegen, was Sie selbst und auch die anderen Familienmitglieder mit dem Hund denn anfangen wollen. Wenn Sie einen Wächter für Ihr Eigenheim brauchen, liegen Sie mit einem Siberian Husky garantiert falsch, denn der freut sich unter Umständen noch, wenn er geklaut wird. Sein zutrauliches Wesen, sein offenes und freundliches Verhalten auch fremden Menschen gegenüber machen ihn zum idealen Partner für jeden Einbrecher.

Und den Gedanken, ihn abzurichten, vergessen Sie am besten ganz schnell wieder. Damit liegen Sie total falsch. Schlittenhunde kann und darf man nicht dressieren. Sie werden dadurch nur unzuverlässig und unberechenbar. Eine gewisse Erziehung und Unterordnung können Sie ihm jedoch beibringen. Das klappt am besten unter fachgerechter Anleitung in der Gruppe eines örtlichen Hundesportvereins. Aber eines wird in den seltensten Fällen gelingen, nämlich daß Sie Ihren Siberian Husky so ohne weiteres frei laufen lassen können und er auf Zuruf gehorcht. Das wird in der Regel zwar im Welpenalter funktionieren, aber sobald der Hund erwachsen ist, wird er selbst entscheiden, ob er gehorchen will oder nicht. Vor allem auf Spaziergängen in der Nähe eines Waldes werden Sie garantiert Ärger mit Förster und Jäger bekommen, wenn Ihr vierbeiniger Freund, frei von der Leine, seiner Jagdleidenschaft frönt.

Brauchen Sie einen kleinen Hund, weil ein Kind die Bezugsperson werden soll, ist ein Schlittenhund ebenfalls nicht geeignet. Er hat zu viel Kraft, und ein Kind kann ihn nicht immer halten. Haben Sie jedoch ein etwas ängstliches Kind, das Sie an ein Tier gewöhnen möchten, eignet sich ein Siberian Husky besonders gut wegen seines ruhigen und ausgeglichenen Wesens, weil er nicht bellt und nicht aggressiv ist.

Kaum kann er laufen, schon hört alles auf sein Kommando.

Schenkst Du mir Deinen Kaugummi?

Soll der Hund möglichst wenig haaren, weil ein Familienmitglied unter einer Allergie leidet, müssen Sie sich ebenfalls nach einer anderen Rasse umsehen.

So sollten Sie Punkt für Punkt durchgehen. Am Ende kristallisiert sich dann heraus, ob ein Schlittenhund für Sie in Frage kommt.

Wer gezielt international konkurrenzfähig an Rennen teilnehmen möchte, muß entweder die speziell gezüchteten Rennhunde einsetzen, oder aber an Rennen teilnehmen, die die rassereinen Schlittenhunde getrennt werten bzw. an denen nur rassereine Schlittenhunde teilnehmen. Auf dieses Thema wird im Kapitel 5 detailliert eingegangen.

Welcher „Nordische" ist der richtige für mich?

Bleibt es dabei, daß Sie einen Nordischen Hund wollen, haben Sie die Wahl zwischen Nordischen Jagdhunden, Nordischen Wach- und Hütehunden, Asiatischen Spitzen oder eben Schlittenhunden. Alle diese Hunderassen haben manches gemeinsam, unterscheiden sich aber auch in wesentlichen Punkten, und es ist sinnvoll, sich genauer über die einzelnen Rassen zu informieren: über ihr genaues Aussehen, ihre Stärken und Schwächen, ihre Ansprüche. Der „Deutsche Club für Nordische Hunde" kann Ihnen Auskunft geben, im Buchhandel gibt es jede Menge Literatur darüber, oder Sie besuchen eine der zahlreichen Hundeausstellungen, wo Sie die für Sie vielleicht in Frage kommenden „Nordischen" in natura studieren können.

Rüde oder Hündin?

Lassen Sie sich auch beraten, ob Sie mit einem Rüden oder einer Hündin besser zurechtkommen. Eine Hündin wird zweimal im Jahr läufig. Das erste Mal in einem Alter zwischen sieben und zehn Monaten, dann in Abständen von jeweils einem halben Jahr. Probleme, die Hündin in dieser Zeit ins Haus zu lassen, gibt es praktisch nicht, da Huskies sich sehr sauber halten.

Bei einem Rüden ist zu bedenken, daß er ständig markiert, also sein Revier absteckt, möglicherweise auch mal einen Türpfosten beim Nachbarn oder bei Freunden. Im gleichen Alter, in dem eine Hündin erstmals läufig wird, wird ein Rüde geschlechtsreif (und damit deckfähig). Sie merken es daran, daß er nun beim Urinieren „sein Bein hebt". Wenn eine

Hündin in der Nähe wohnt, wird er sicher zweimal jährlich Liebeskummer bekommen. Er zeigt dies dadurch, daß er nicht mehr frißt und mehr oder weniger laut weint. Er wird auch versuchen, auszubüxen, um die Dame zu besuchen. Da heißt es aufpassen.

Einmal angenommen, Sie haben eine Hündin, und das läufige Mädchen ist Ihnen durch Unachtsamkeit entkommen. Nachbars Lumpi hat die Chance genützt und sie gedeckt. Wenn Sie zum Deckakt noch hinzukommen, dürfen Sie die beiden auf gar keinen Fall auseinanderreißen. Beide Tiere würden sich dabei verletzen. Vielmehr halten Sie Ihre Hündin auf den Beinen und beruhigen sie. Der Rüde bleibt in der Regel „hängen". Und dieses Hängen kann bis zu 20 Minuten dauern. Wenn sich der Rüde wieder gelöst hat, rufen Sie Ihren Tierarzt an und entscheiden zusammen mit ihm, was zu tun ist.

Sie haben zwei Möglichkeiten. Entweder Sie bitten den Tierarzt darum, bei der Hündin eine Abtreibung vorzunehmen, was bedeuten kann, daß ihr Hormonhaushalt durcheinandergewirbelt wird und sie längere Zeit nicht wieder läufig wird, daß es gar zu einer Gebärmutterentzündung kommt, oder Sie lassen die Welpen kommen. War der Übeltäter rassegleich mit Stammbaum (leider eher die Ausnahme), werden Sie die Welpen kommen lassen, rufen die Zuchtbuchstelle des DCNH an und fragen, was Sie tun müssen, um Papiere zu bekommen.

War es aber ein rassefremder Rüde, wird Ihre Hündin Mischlinge bekommen. Nun müssen Sie wirklich nachdenken:

1. Habe ich Zeit und Nerven für die Aufzucht eines Wurfes? Habe ich Zeit und Lust, meine Nase vielleicht einmal in ein Buch über Hundezucht zu stecken? Man kann ja nicht alles wissen (z. B. Räber: Brevier neuzeitlicher Hundezucht).

2. Will ich die entstehenden Kosten auf mich nehmen? Eine Wurfkiste ist zu bauen. Kalzium- und vitaminreiches Zusatzfutter für die Hündin muß gekauft werden, außerdem Welpenfutter. Der Tierarzt wird benötigt (Impfkosten) usw.

3. Kann ich bei eventuellen Komplikationen während der Geburt eingreifen, oder wird mir dabei schlecht? Nicht jeder Mensch ist eine geborene Hebamme.

4. Was mache ich später mit den knuddeligen Kleinen? Werde ich Abnehmer für die Mischlinge finden? Wie werden sie überhaupt aussehen? Es gibt bildschöne Mischlinge, aber auch geplagte Hunde.

Der Hündin selbst macht eine Mischlingsgeburt nichts aus. Sie liebt ihre Babies. Und für künftige rassereine Würfe ist sie auch nicht verdorben, entgegen dem Aberglauben mancher Züchter. Ein Deckakt verändert schließlich nicht die Erbmasse der Hündin.

Also, Sie ersparen sich eine ganze Menge Ärger und Mühe, wenn Sie auf Ihre läufige Hündin gut aufpassen.

Das Temperament von Mensch und Hund sollte übereinstimmen

Schlittenhunde brauchen sehr viel Bewegung. Da sind alle Familienmitglieder gefordert. Das heißt, nicht nur der Vater rennt mit dem Hund nach Feierabend oder am Wochenende durch die Gegend, die ganze Familie sollte beteiligt sein. Da der Schlittenhund ein Rudeltier ist, gibt es für ihn nichts Schöneres, als gemeinsam mit „seinem Rudel", als solches betrachtet er nämlich die Familie, unterwegs zu sein.

Wenn Sie alleinstehend sind, und niemanden haben, der sich tagsüber um das Tier kümmern kann, sollten Sie auf den Kauf z. B. eines Siberian Huskies verzichten.

Charakter, Wesen und soziales Verhalten des Siberian Huskies

Nehmen wir also einmal an, Sie haben sich dafür entschieden, einen Siberian Husky zu kaufen. Der Husky ist ein sehr selbständiger, ausgeglichener Hund, insgesamt sehr aufmerksam und interessiert. Er kann zwar bellen, wird dies aber in den seltensten Fällen tun. Das macht ihn zu einem angenehmen Familienmitglied. Er ist absolut kein Wachhund. Wenn sich Ihrem Haus oder Ihrer Wohnung jemand nähert, gibt er sich sehr interessiert, wedelt mit dem Schwanz und „ziept" vielleicht etwas. Es kann aber auch vorkommen, daß er aus irgendeinem Grund den Besu-

Ein geduldiger Knuddelhund.

cher nicht mag, das zeigt er dadurch, daß er ihn „anwufft". Doch auch dann wird er nicht aggressiv.

Er zeigt ein sehr soziales Verhalten. Seine Familie ist sein Rudel, und jedes Rudelmitglied hat seinen zugewiesenen Platz. In der Regel ordnet er sich seinem „Rudelführer" unter, dann kommen die anderen Familienmitglieder, wobei er Kinder oft mit Welpen gleichstellt. Und Welpen nimmt man als erwachsener Husky eben nicht ernst, mit denen spielt man.

Wem er sich unterordnet, bestimmt er. Das hängt auch nicht vom Füttern ab. Es kann durchaus sein, daß die Frau ihn täglich füttert und mit ihm ausgeht, der Rudelführer bleibt für ihn vielleicht trotzdem der Mann.

Die typische Art, sich zu äußern und zu verständigen, ist für einen Schlittenhund das Heulen, im Gegensatz zum Bellen der anderen Hunderassen. Als Einzelhund wird er jedoch selten heulen. Zu zweit oder im Rudel gehalten, kommt es zwischendurch schon mal vor. Oft braucht es dafür einen Anreiz, z. B. Glockenläuten oder Sirenengeheul. Wie man das Heulen wieder abstellt, erfahren Sie im Kapitel „Tips für die Erziehung" (Kapitel 4).

Huskies spielen sehr gerne mit dem Menschen oder untereinander. Es wäre daher ideal, wenn Sie ein Grundstück einzäunen könnten, in dem Ihr Hund oder die ganze Meute sich austoben können. Sie verbrauchen so ihre überschüssige Kraft, ein Effekt, den Sie durch einen Spaziergang auch nicht annähernd erreichen.

Ein erfolgreiches Team –
Heini Winter
mit seinem Leithund Sherly.

Wenn Hunde miteinander spielen, geht das natürlich nicht immer ohne entsprechende Geräusche ab. Das ist wie bei Kindern, bei denen das Plappermaul auch ständig in Bewegung ist. Es macht Spaß, spielenden Hunden zuzusehen und ihr gegenseitiges Verhalten zu beobachten. Auch wenn die gefletschten Zähne gefährlich aussehen, tun sie sich kaum einmal ernstlich weh. Toben ein Rüde und eine Hündin zusammen herum, gibt es kaum Probleme. Kritischer kann es gelegentlich werden, wenn zwei männliche oder zwei weibliche Tiere miteinander spielen. Wenn Sie mehrere Hunde halten, ist eine Trennung der Streithammel eventuell erforderlich. Ich habe ständig vier bis sechs Rüden und Hündinnen zusammen im Zwinger. Lediglich wenn eine Hündin läufig ist, müssen die Rüden getrennt werden, weil sie sich in dieser Zeit als Rivalen betrachten.

Wichtig ist, daß Sie auf Ihren Husky Ruhe und Ausgeglichenheit ausstrahlen, denn Ihre Nervosität würde sich auf den Hund übertragen. Es gibt allerdings auch Hunde mit besonders starken Nerven, die sich von der Nervosität ihres Herrchens oder Frauchens kaum anstecken lassen. Daß der Schlittenhund gerne arbeitet und sich durch eine hohe Leistungsbereitschaft auszeichnet, darauf kommen wir im Kapitel 5 noch zu sprechen.

58

2. Was Sie vor und nach dem Kauf eines Siberian Huskies beachten sollten

Bevor Sie sich zum Kauf eines Siberian Huskies entschließen, sollten Sie abklären, ob auch wirklich die ganze Familie mit dieser Entscheidung und den damit verbundenen Umstellungen einverstanden ist. Es muß auch miteinander abgesprochen sein, wer sich tagsüber um das Tier kümmern kann und wer die Bezugsperson des Hundes werden soll. Das kann im Prinzip jedes Familienmitglied sein, auch ein Kind.

Spätestens jetzt, nach Klärung dieser Punkte, sollten Sie sich möglichst umfassend über den Siberian Husky informieren. Vom DCNH erhalten Sie Züchteradressen in der Nähe Ihres Wohnortes. Ebenfalls vom DCNH erhalten Sie Orte und Termine von Schlittenhunderennen genannt. Dort haben Sie die Möglichkeit, sich mit den Mushern, deren Hunde Ihnen gefallen, zwanglos zu unterhalten. Auch der Besuch von Hundeausstellungen ist, wie bereits erwähnt, zu empfehlen.

Am Anfang werden Sie Schwierigkeiten haben, markante Unterschiede zwischen den einzelnen Huskies zu erkennen. Sie werden alle schön finden, besonders natürlich die mit den blauen Augen. Haben Sie sich aber erst mal einige Zeit mit dem Siberian Husky beschäftigt, werden Ihnen die blauen Augen nicht mehr wichtig sein. Genauso häufig wie blaue Augen sind braune und bernsteinfarbige. Auch ein blaues und ein braunes Auge gelten beim Husky nicht als fehlerhaft. Nur ein Interessent, der sich aus Prestigegründen einen Husky kaufen möchte, besteht auf einem schwarz-weißen Hund mit blauen Augen. Bei solchen Leuten kann man davon ausgehen, daß der Hund nicht artgerecht gehalten und bewegt wird. In der Regel sollte man in diesem Fall vom Kauf eines Siberian Huskies abraten. Aber leider gibt es auch bei den Züchtern der Nordischen Rassen „schwarze Schafe", die lieber „Masse statt Klasse" produzieren und die Welpen an jeden losschlagen, der dafür bezahlt.

Auswahl des Züchters

Wenn Sie mehrere Züchter besucht haben und sich darüber im klaren sind, bei wem Sie den Husky kaufen wollen, klären Sie vorsichtshalber ab, ob Sie den Hund, falls notwendig, während Ihres Urlaubs als Gasthund bringen können. Es muß Ihnen auch klar sein, daß Sie mit dem Erwerb eines Hundes die Verantwortung für ein Lebewesen übernehmen über einen Zeitraum von bis zu 15 Jahren.

Sie sollten nur bei einem Züchter kaufen, der dem DCNH angeschlossen ist und durch eine Ahnentafel belegen kann, daß Sie einen reinrassigen Siberian Husky mit nach Hause nehmen. Als Laie können Sie sicher nicht erkennen, ob Sie nur einen Hund mit nordischem Aussehen besitzen. Den Charakter und das arttypische Wesen hat er dann nämlich mit Sicherheit nicht.

Black Bandit, 10 Tage alt.

Die erste Bekanntschaft mit „Ihrem" Welpen

Haben Sie Ihr Herz an einen Welpen verloren, und der Welpe mag Sie ebenfalls, dann besuchen Sie ihn, so oft Sie es einrichten können. Nehmen Sie ihn an die Leine und gehen Sie mit ihm spazieren. Gewöhnen Sie den Welpen an sich und Ihr Zuhause. Am besten, Sie bringen dem Züchter eine alte Decke von sich, damit sie den Hundegeruch annimmt. Die Decke nehmen Sie später, zusammen mit dem Welpen, nach Hause und legen sie an seinen Schlafplatz. Im Alter von etwa 12 Wochen können Sie Ihren Hund dann zu sich nehmen. Mit der „gut" riechenden Decke wird für den kleinen Husky der Trennungsschmerz auch nicht so groß sein.

Kaufpreis, Kaufvertrag, Ahnentafel und Impfbuch

Der Kaufpreis ist ein heikles Thema. Er ist sehr variabel und kann zwischen 500,– und 2 000,– DM liegen. Vgl. dazu auch im Kapitel 4 „Kosten der Hundehaltung". Zur Absicherung für beide Seiten sollte in jedem Fall ein Kaufvertrag abgeschlossen werden, und zwar kein „handgestrickter", sondern ein vom VDH/DCNH ausgearbeiteter (s. S. 62).

Bei Abholung des Hundes ist der Kaufpreis fällig. Vielleicht wurde bereits bei der Reservierung von Ihnen eine Anzahlung verlangt. Sie erhalten gleichzeitig Ahnentafel und Impfbuch. In die Ahnentafel lassen Sie sich gleich als neuer Eigentümer eintragen und bitten den Züchter darum, das auch dem DCNH mitzuteilen. In der Regel erfolgt es automatisch, aber sicher ist sicher. In das Impfbuch tragen Sie Ihre Anschrift ein und den Namen des Hundes, falls das noch nicht erledigt ist.

Über die Entwicklung meiner Welpen führe ich Tagebuch vom 1. Tag an. Dieses Tagebuch bekommt der Käufer einschließlich einiger Welpenfotos von der Geburt. Die meisten zeigen sich freudig überrascht von diesem Service.

Kaufvertrag

Zwischen dem **Verkäufer** (Name, Vorname, Straße und Nr., PLZ und Ort):

....

und dem **Käufer** (Name, Vorname, Straße und Nr., PLZ und Ort):

....

wird folgender **K a u f v e r t r a g** geschlossen:

Gegenstand des Vertrages ist der Rüde*) die Hündin*)

(Name) ....

der Rasse .... Wurfdatum ....

im VDH/FCI-Zuchtbuch des Rassehunde-Zuchtvereins

(Name) ....

(   ) **) eingetragen unter Nr. ....

(   ) **) zur Eintragung angemeldet.   Tätowier-Nr.: ....

Der **Kaufpreis** beträgt DM ....   (i. W. Deutsche Mark ....

....)

Der Käufer erklärt, daß er mit dem Hund nicht*) züchten und diesen nicht*) ausstellen will.

Der Verkäufer leistet für die Richtigkeit der in der Ahnentafel bzw. in der Meldung zum Zuchtbuch enthaltenen Angaben **Gewähr, gleiches gilt für die Angaben in weiteren übergebenden Urkunden. Er versichert,** daß ihm irgendwelche offensichtliche oder verborgene Mängel oder Krankheiten des Hundes nicht bekannt sind. **Er erklärt, daß der Hund gegen Staupe, Hepatitis, Leptospirose, Parovirose, Tollwut *) geimpft wurde, und händigt den Impfpaß dem Käufer aus.**

Der Käufer bescheinigt, den Hund besichtigt zu haben. **Er erklärt,** daß er über die für die Aufzucht und Haltung eines Hundes notwendigen Kenntnisse, Fähigkeiten und Möglichkeiten verfügt und daß ihm bekannt ist, daß insbesondere ein junger Hund tiergerecht aufgezogen und gehalten werden muß und unter keinen Umständen überfordert werden darf. Von der Haftung für Beeinträchtigungen und Schäden, die durch falsche Haltung, Aufzucht oder Behandlung entstehen, **stellt er den Verkäufer frei. Er sichert ferner zu,** den Hund nach den Bestimmungen des Tierschutzgesetzes und den auf Grund dieses Gesetzes erlassenen Verordnungen zu halten.

(   ) **) Die Ahnentafel ist dem Käufer übergeben worden.

(   ) **) **Der Verkäufer verspricht,** die Ahnentafel nach Erhalt vom Zuchtbuchamt dem Käufer
                        unverzüglich zuzusenden.

Zusätzlich werden folgende Abreden getroffen:

....

....

....

....

....

Verkäufer und Käufer erklären, daß darüber hinaus weitere Abreden nicht getroffen wurden. Ergänzungen und Änderungen dieses Vertrages bedürfen der Schriftform. Verkäufer und Käufer erhalten je eine Ausfertigung dieses Vertrages.

(Ort) ....   (Datum)..

DER VERKÄUFER   DER KÄUFER

---

*) Nichtzutreffendes bitte streichen
**) Zutreffendes bitte ankreuzen

62

Siberian Husky, 12 Wochen alt.

Futterumstellung

Eine Futterumstellung sollten Sie nach Möglichkeit beim Welpen vermeiden. Er würde ziemlich sicher Durchfall bekommen und anfangs abnehmen. Das muß nicht sein. Fragen Sie Ihren Züchter nach dem bisher verwendeten Welpenfutter. Hat er Futter verabreicht, das Sie nicht im Handel bekommen, wird er Ihnen einen Fütterungsplan und Futter mitgeben und auch zukünftig welches besorgen. Wohnen Sie jedoch weiter weg, kommen sie um eine Futterumstellung nicht herum. Doch sollten Sie so lange wie möglich damit warten. Stellen Sie dann auf ein Futter um, das in seiner Zusammensetzung ähnlich dem bisher verwendeten ist, und das Sie problemlos kaufen können.

Die ersten Tage im neuen Heim

Die ersten Tage im neuen Heim werden für Mensch und Hund nicht ganz einfach werden. Der Kleine ist noch nicht stubenrein und leidet außerdem unter Trennungsschmerz. Doch beide Probleme bekommen Sie „in den Griff".

Am besten, Sie nehmen sich eine Woche Urlaub. Das tut auch Ihnen gut, und Sie haben genügend Zeit, sich intensiv um den Kleinen zu kümmern. Wenn Sie ihn die meiste Zeit beobachten und sich mit ihm abgeben, merken Sie sofort, wenn er unruhig wird und ein Bächlein machen muß. Macht er Anstalten, sein „Geschäftchen" zu verrichten, dann heben Sie ihn einfach hoch und sagen mit energischer Stimme: „Nein!" oder „Pfui!". Dann bringen Sie ihn nach draußen. Verhalten Sie sich auch so, wenn Sie mal zu spät kommen und die Bescherung schon auf dem Boden liegt. Sie werden sehen, nach drei Tagen haben Sie und der Hund es geschafft. Niemals die Nase des Hundchens in den Kot drücken! Das schreckt ihn nämlich keineswegs ab, irgendwann meint er sogar, das müsse so sein.

Nach den täglichen ausgiebigen Spaziergängen sind Herrchen und Hundchen abends müde. Es hat sich bewährt, wenn der Kleine in den ersten Tagen auf seiner Hundedecke in Ihrer Nähe schlafen darf. Das hat den Vorteil, daß Sie sofort merken, wenn er unruhig wird, weil er mal muß, oder wenn er weint. Wenn er Kummer hat, streicheln und beruhigen Sie ihn. Nach wenigen Tagen ist auch das überstanden und er fühlt sich bei Ihnen ganz zu Hause. Jetzt können Sie ihn an seinen Schlafkorb im Flur, im Zwinger, oder wo auch immer, gewöhnen. Er verkraftet es jetzt auch leichter, nachdem er sich bei ihnen richtig eingelebt hat.

Dritte Story

Hund und Katze – nichts ist unmöglich

Eines Tages rief mich das Tierheim an und teilte mir mit, daß auf der Autobahn ein Husky aufgegriffen und bei ihnen abgegeben worden sei. Ob ich irgendwie weiterhelfen könne. Neugierig fuhr ich hin. Die Hündin begrüßte mich derart freudig und überschwenglich, daß die Tierheimleute mich fragten, ob das ein Hund aus meinem Zwinger sei. Dies war aber nicht der Fall. Bei genauerem Hinsehen konnten wir feststellen, daß die arme Hündin alle Krankheiten und sämtliches Ungeziefer hatte, was man sich bei einem Hund so vorstellen kann. Außerdem war ein Vorderfuß verletzt, und die Wunde eiterte bereits. Am Bauch waren die Fäden einer ärztlich versorgten Wunde in das Fleisch eingewachsen. Kurzentschlossen nahm ich die Kleine mit nach Hause. Mein Mann mußte eine Box zur Isolierbox ausbauen, denn ich wollte nicht riskieren, daß meine anderen Hunde von ihr angesteckt würden. Nach wochenlanger tierärztlicher Behandlung war das Hundemädchen wieder gesund. Und zu unserer Freude integrierte sie sich hervorragend in unser Rudel.

Nach langem Recherchieren, vielen Zeitungsinseraten und Telefonaten konnte ich auf Grund der Tätowiernummer im Ohr den ehemaligen Besitzer ausfindig machen. Einem französischen Soldatenehepaar mit vier kleinen Kindern, wohnhaft im ersten Stock eines Mietshauses in Reutlingen, war in Frankreich die Hündin als leicht erziehbarer Haus- und Familienhund verkauft worden.

Die Leute waren mit dem Hund schlicht überfordert gewesen, zumal sie nicht einmal wußten, von welcher Rasse er war und welche Bedürfnisse ihr Vierbeiner hatte.

Die Mitarbeiterin vom Tierschutzverein, mit der zusammen ich die Familie besuchte, und ich erklärten den Leuten, daß sie einen Schlittenhund gekauft hätten und mit einer Anzeige bei der französischen Militärpolizei wegen des Aussetzens eines Haustieres rechnen müßten (Zeugen hatten sie in der Nähe des Ortes, wo die Hündin später aufgegriffen worden war, zuvor beobachtet). Sie fielen aus allen Wolken. Ich bot ihnen an, die Hündin zu übernehmen und ihnen dafür die erheblichen Kosten, die mir entstanden waren, nicht in Rechnung zu stellen. Außerdem woll-

Maitai

ten wir auf eine Anzeige verzichten. Das Ehepaar war erleichtert, das Problem auf diese Weise ohne weitere Folgen lösen zu können, und erklärte sich sofort damit einverstanden.

Von Außenstehenden wurde ich nur milde belächelt, denn mit diesem Kostenaufwand hätte ich auch einen Welpen kaufen können. Die Freude an unserer „Maitai" und ihre Dankbarkeit ließen mich aber meine damalige Entscheidung nie bereuen.

Als Maitai zu uns kam, war sie etwa zwei Jahre alt.

Im Laufe der Zeit entwickelte sie sich jedoch soweit, daß sie meiner Nishana die Rudelführung streitig machte. Es kam immer häufiger zu Machtkämpfen zwischen den beiden Hündinnen. Das konnte auf die Dauer nicht gutgehen. Eine Lösung mußte gefunden werden. Und der Zufall kam uns zu Hilfe.

Eines Tages wurde vom Landesverband des DCNH der interessierten Bevölkerung ein „Schnuppertraining" ganz in unserer Nähe angeboten.

Natürlich waren wir mit unseren Hunden dabei. Im Laufe des Tages fiel uns ein Mann im mittleren Alter auf, der sich lange alle Hunde genau ansah und zwischendurch immer wieder zu unserer Maitai zurückkam. Ganz offenbar hatte er einen Narren an ihr gefressen. Schließlich gab er sich einen Ruck und fragte uns, ob die Hündin nicht „feil" wäre. Mein Mann antwortete ihm, daß man darüber durchaus reden könnte, und er erzählte ihm ihre etwas abenteuerliche Geschichte.

Walter, wie der Mann hieß, wanderte viel und wollte künftig Maitai mitnehmen. Wir tauschten die Adressen aus, und am folgenden Wochenende besuchte er uns mit seiner Frau, die Maitai ebenfalls auf Anhieb mochte. Bei einem Gegenbesuch konnten wir uns davon überzeugen, daß unsere Hündin es bei ihren neuen Besitzern gut haben würde.

Kurz und gut, Maitai zog in ihr neues Zuhause und brachte sofort „Leben in die Bude", mehr als die neuen Besitzer sich gewünscht hätten. Denn niemand hatte die ganze Zeit über daran gedacht, daß es im Haus bereits eine Katze gab, die von dem Familienzuwachs keineswegs begei-

Maitai und ihre Hausgenossin.

stert war. Es folgten drei turbulente Wochen, in denen beide Tiere manche Blessur davontrugen. Mal flüchtete die Katze vor dem Hund, mal verhielt es sich gerade umgekehrt. Nachdem die Katze begriffen hatte, daß die Hündin sie ordentlich durchschütteln konnte, und Maitai im Gegenzug mehrfach mit den Krallen der Katze Bekanntschaft gemacht hatte, schlossen sie schließlich miteinander Frieden. Heute schlafen beide Tiere einträchtig nebeneinander auf einer Decke auf dem Sofa.

Doch damit ist die Geschichte noch nicht zu Ende. Der arme Walter wurde vom „Husky-Virus" infiziert. Maitai bekam einen Welpen als Spielgefährten, und weil man mit zwei Huskies schon Schlitten fahren kann, wurde später auch ein Schlitten gekauft. Und weil man natürlich mit drei und vier Huskies noch viel besser Schlitten fahren kann, sind es inzwischen eben vier Huskies geworden. Und mittendrin die Katze.

8 Anmarsch zum Sommertraining.

9 Trophäen eines alten Mushers.

10   Bis die Musher und Trainingswagen einsatzbereit sind, kommen die Hunde
      erst mal an den Stake out.

11   Drei- und vierrädriger Trainingswagen.

12   Lasten- und Rennschlitten, Pulkagestänge und Geschirre.

13   Jeder Husky hat sein eigenes Renngeschirr.

14   Vor dem Start zum ersten Longtrail werden Tobboggan und Ausrüstung
       überprüft.

15   Mit Freude jagen die Hunde über den Trail.

Kapitel 4:

Haltungsvoraussetzungen

1. Persönliche Voraussetzungen des Hundehalters

Wohnverhältnisse

Wenn Sie Ihren Hund in der Wohnung halten müssen, sollten Sie zuerst in Ihrem Mietvertrag nachsehen, ob Tierhaltung überhaupt erlaubt ist. Wenn nicht, müssen Sie unter Umständen nicht gänzlich auf einen Husky verzichten. Sie könnten z. B. Kontakt zu einem Züchter aufnehmen und mit diesem Ihre Situation besprechen. Er erlaubt Ihnen vielleicht, sich mit seinen Hunden anzufreunden. Und wenn er sieht, daß Sie mit den Tieren nach einiger Zeit richtig umgehen können, wird er Ihnen übers Wochenende einen Hund zur Betreuung überlassen.

Ist Tierhaltung in Ihrer Wohnung erlaubt, so müssen Sie wissen, daß ein Husky nicht längere Zeit allein bleiben sollte. Er wird sonst unglücklich, weil er ein Rudeltier ist, das sich nur in Gesellschaft wohl fühlt. Es könnte sein, daß er sein offenes und unbeschwertes Wesen verliert. Oder aber er bringt seine Langeweile dadurch zum Ausdruck, daß er Schuhe, Decken und dergleichen zerbeißt oder aus Protest auf dem Sofa und in Ihrem Bett schläft. Vielleicht heult er auch den ganzen Tag während Ihrer Abwesenheit. Dann ist der Ärger mit den Nachbarn vorprogrammiert.

Tagsüber muß er drei- bis viermal raus, um sich zu versäubern und um seinen Bewegungsdrang abreagieren zu können. Mindestens einmal sollte er dabei eine längere Strecke mit Tempo zurücklegen, damit er kein Fett ansetzt. Ein dicker Husky verliert seine Leichtigkeit und Eleganz. Kontrollieren Sie deshalb regelmäßig sein Gewicht. Beim Rüden sollte es meines Erachtens etwa 23 kg und bei der Hündin 18 kg betragen. Bei einem Husky in Bewegung sollen sich seine Rippen im Fell leicht abzeichnen.

Apropos Fell: Wenn der Husky im Haus gehalten wird, wächst sein Fell nicht ganz so dicht. Das Haar ist weicher und kürzer, die Unterwolle dünner. Er muß sich ja nicht gegen große Kälte schützen. In meinen Augen ist dies ein Schritt in Richtung Degeneration.

Während des Fellwechsels werden Sie fast verzweifeln. Ein Husky wirft über Wochen hinweg Berge von Haaren ab, und das zweimal jährlich. Zwar lassen sich die Haare von Teppich und Polstermöbeln gut wegsaugen, aber jeden Tag die gleiche Arbeit? Futter- und Wassernapf sollten an einem Platz stehen, der leicht aufgewischt werden kann. Wenn Sie ihm zwischendurch einen Knochen schenken, kann es schon einmal passieren, daß er ihn gerade nicht mag. Dann verbuddelt er ihn im Sofa oder unter dem Teppich, oder er findet sonst ein stilles Plätzchen. Aber das merken (riechen) Sie spätestens nach ein paar Tagen. Im Garten oder Zwinger würde es ja nicht weiter stören.

Also, Husky-Freunde in beengten Wohnverhältnissen und ohne Garten sollten es sich überlegen, ob sie nicht besser daran täten, sich einem Züchter anzuschließen. Sie könnten ihm zur Hand gehen, und er wird sie zu Musher-Treffen und auf Rennen gerne mitnehmen, und nach einiger Zeit dürfen sie mit den Hunden vielleicht sogar trainieren. All das kostet natürlich ziemlich viel Zeit, was man nicht außer acht lassen darf.

2. Ansprüche des Siberian Huskies

Unterbringung

Ein Schlittenhund ist von Natur aus kein Haushund. Es wäre daher ideal, wenn Sie einen Garten zur Verfügung hätten, in dem Sie einen Zwinger errichten könnten. Ihren Gestaltungsideen sind hierbei keine Grenzen gesetzt. Es ist jedoch wichtig, daß Sie eine vernünftige Hundehütte aus Holz bauen. Wir haben dafür z.B. Schaltafeln vom Bau verwendet. Nach Auskunft eines uns bekannten Chemikers ist die für diese Bretter verwendete Imprägnierung unschädlich (was nicht immer der Fall ist). Die Hütte sollte auf jeden Fall ein Flachdach bekommen, damit sich Ihr Hund daraufliegen und so die Übersicht behalten kann. Er wird sich sicher mehr auf als in der Hütte aufhalten.

Hunde behalten gerne die Übersicht.

Der Husky schläft gerne im Freien, auch im Winter. Er läßt sich auch schon mal über Nacht einschneien. Lassen Sie ihm diese Freude. Genauso, wie er sich im Sommer gerne in die Sonne legt. Manchen Leuten ist das unverständlich. Aber ein Husky kann sich auch auf große Temperaturunterschiede einstellen. Wenn mich jemand provozierend fragt, was ich denn mit meinen Hunden bei großer Sommerhitze anfinge, antworte ich manchmal im Spaß: „Ich steck' sie ins Kühlhaus." Natürlich folgt anschließend die Aufklärung auf die ja nicht ganz unberechtigte Frage. Denn in Sibirien, Alaska oder Kanada herrscht ja auch nicht das ganze Jahr über Winter. Im Sommer steigen auch in den nördlichen Gebieten die Temperaturen auf 30 °C, und der Husky paßt sich diesen problemlos an, indem er sein Fell wechselt und sich im Sommer langsamer bewegt.

Hundehütte mit geöffnetem Flachdach.

Die Hütte sollte, der Größe des Hundes entsprechend, so bemessen sein, daß er sich darin ausstrecken kann, also etwa 100 × 70 × 70 cm. Eine zu große Hütte würde er nicht gemütlich finden. Das Schlupfloch darf auch nicht zu groß sein, damit die Wärme im Winter nicht so leicht entweichen und er sein „Reich" gegen andere Rudelmitglieder verteidigen kann. Das Dach sollte durch Scharniere wie ein Deckel zu öffnen sein. Das erleichtert die Reinigung der Hütte wesentlich. Da sich Ihr Hund außerdem, wenn er krank oder verletzt ist, gerne in seiner Hütte verkriecht, können Sie auf diese Weise von oben leichter an ihn rankommen. Oder wollen Sie sich lieber durch das enge Schlupfloch zwängen?

Isoliert muß die Hütte nicht sein, aber im Winter wird eine Stroheinlage ganz gerne angenommen. Stroh ist für diesen Zweck besser als Heu, denn Heu staubt mehr und nimmt mehr Feuchtigkeit auf. Sie können auch einen Rest Teppichboden hineinlegen, aber der fliegt sicher bald raus. Die Kosten für eine solche Hütte liegen nicht höher als 100,– DM.

Der Zwinger hinter dem Haus der Autorin mit einbetoniertem Zaun.

Geräumige Zwingeranlage außerhalb der Ortschaft.

Bei der Einzäunung sollten Sie lieber gleich auf Nummer Sicher gehen, denn die meisten Huskies sind „Buddelhunde". Verwenden Sie verzinkten Maschendraht von 1,8 mm Stärke oder Wellengitter. Sollten Sie Baustahlgewebe bevorzugen, muß dieses so engmaschig sein, daß Ihr Hund seinen Kopf nicht durch die Gitter stecken und sich dabei verletzen kann. Auf jeden Fall sollte der Zaun etwa 20 cm tief einbetoniert oder eingegraben werden, um allen eventuellen Ausbruchsversuchen einen Riegel vorzuschieben. Wenn Sie den Zaun nur eingraben, sollten Sie entlang seiner Innenseite Waschbetonplatten legen. Die Höhe des Zaunes darf gut und gern 1,80 m betragen, sonst stellt er für einen Husky kein Hindernis dar. Dessen Sprungkraft ist nämlich ganz enorm.

Grundsätzlich kann ein Zwinger nie groß genug sein. Aber die wenigsten Schlittenhundefans sind Großgrundbesitzer. 10 m² pro Hund wären schon optimal. Wenn Ihr Zwinger direkt an das Haus oder an eine Gartenmauer angrenzt, stellen Sie die Hundehütte am besten direkt an die Wand, damit Ihr vierbeiniger Freund den Rücken frei hat, wenn er auf dem Hüttendach liegt und aufmerksam seine Umwelt beobachtet. Wenn Sie mehrere Hunde halten wollen, sollten Sie für jeden Hund eine Einzelbox planen, in der auch gefüttert wird. Auch wenn eine Hündin läufig wird, kann sie so leichter von den anderen getrennt werden. Im Idealfall haben Sie noch genügend Platz für einen gemeinsamen Auslauf.

Der Boden des Zwingers kann naturbelassen bleiben, das ist für die Hunde schöner. Allerdings müssen Sie dann von Zeit zu Zeit desinfizieren, um Geruchs- und Bakterienbildung zu verhindern. Wenn Sie den Boden betonieren, ist er leichter sauberzuhalten. Sie müssen dann aber mehrere Holzpaletten auslegen, auf die sich die Hunde legen können. Sie verhindern damit, daß sie an den Ellenbogen „Liegebeulen" bekommen. Eine Ecke mit Naturboden sollten Sie auf jeden Fall aussparen, damit die Hunde eine Möglichkeit zum Buddeln haben. Falls Ihr Hund in den neuen Zwinger allein einzieht, langweilt er sich bald. Wenn Sie sich nicht gerade mit ihm beschäftigen, dann vertreibt er sich die Zeit gerne mit Buddeln.

Die Erfahrung zeigt jedoch, daß ein Husky selten lange allein bleibt, sobald sein Besitzer erst einmal vom „Husky-Virus" befallen ist.

„Rolf und seine Freunde".

Der Schlittenhund im Urlaub

Das muß ein Thema schon beim Kauf eines Welpen sein. Bei einem Einzelhund ist dieses Problem relativ einfach in der Griff zu bekommen. Entweder Sie richten es mit Ihrer Familie so ein, daß der Hund auf Reisen mit kann, oder Sie sprechen mit Ihrem Züchter, ob er während Ihres Urlaubs den Hund in seinem Zwinger unterbringen kann. Das wäre die einfachste Lösung, die leider nicht immer funktioniert. Bei zwei oder mehr Hunden wird es natürlich noch schwieriger. Nicht immer kann man mehrere Hunde in ein Ferienhaus mitnehmen. Hundepensionen und Tierheime betreuen zwar während Ihres Urlaubs Ihre Hunde, diese Lösung ist aber weder optimal noch billig. Ideal wäre es, wenn während Ihrer Abwesenheit eine Vertrauensperson in Ihrem Haus wohnt und die Hunde versorgt.

Einen herrlichen Urlaub mit Kind und Hund können Sie z.B. in Dänemark oder Schweden am Meer oder an einem der zahllosen Seen erleben. Ob mit Wohnmobil oder Ferienhaus spielt dabei keine Rolle.

Vier in einem Boot.

Die Wellen am Ostseestrand waren Black Bandit anfangs nicht ganz geheuer.

An langen Stränden kann der Hund sich austoben, und er wird dann auch kaum den Drang verspüren, auszubüchsen. Es gibt dort auch Ferienhäuser, in die sie mehrere Hunde mitbringen dürfen. Im heißen Süden hingegen wird sich Ihr Nordischer nicht wohl fühlen. Es ist ihm dort einfach zu warm, und er wird den ganzen Tag nur faul herumliegen. Es sei denn, sie fahren in der Vor- oder Nachsaison in den Süden, wenn die Temperaturen gemäßigt sind.

Ein Flug in den Urlaub mit Ihrem Hund ist durchaus möglich. Er sollte aber einen Tag vorher nichts mehr fressen. Teilnehmer der Weltmeisterschaften 1991 in Winnipeg, der Hauptstadt der kanadischen Provinz Manitoba, haben die Erfahrung gemacht, daß ihre Hunde auch nach 12–30 Stunden Aufenthalt in den Transportboxen im Flugzeug noch problemlos Rennen bewältigten.

Wenn Sie mit Ihrem Hund ins Ausland reisen wollen, müssen Sie seinen Impfausweis mitnehmen und sich vorher rechtzeitig erkundigen, welche Impfungen das Gastland vorschreibt und wie alt diese Impfungen sein müssen. Es gibt Staaten, in die Tiere entweder nicht einreisen dürfen oder aber dort zuerst eine gewisse Zeit in Quarantäne müssen. Das sollten Sie alles rechtzeitig vor Beginn einer Reise klären. Informationen erhalten Sie z. B. bei Automobilklubs oder Ihrem Tierarzt.

Wenn Sie mit dem Auto verreisen, braucht der Hund seinen eigenen Platz, aber keinesfalls im Kofferraum! Auch nicht mit den im Handel angebotenen Lüftungsgittern. Was glauben Sie wohl, was das arme Tier bei dieser Transportweise an Abgasen und Schmutz einatmen muß.

Denken Sie daran, auch für den Hund etwas zum Trinken mitzunehmen. Ausreichend Wasser und eine Schüssel sollten an Bord sein. Fressen ist zweitrangig. Während der Fahrt fastet er besser, er könnte sich sonst übergeben. Auch Hunde können an der Reisekrankheit leiden. Sprechen Sie vor Reisebeginn mit Ihrem Tierarzt. Er kann Ihnen ein Medikament gegen die Reisekrankheit des Hundes geben.

Vierte Story

Ein unfreiwilliges Bad

Herbert, ein alter Bekannter von uns, betreibt ebenfalls begeistert den Schlittenhundesport in der Pulka-Style-Klasse. Er besitzt drei Huskies, einen Rüden und zwei sehr quirlige Hündinnnen.

Sein tägliches Training führte ihn einmal in die Nähe eines kleinen Sees auf der Schwäbischen Alb, der auch das Ziel zahlreicher Erholungsuchender ist. Der See war noch zu kalt zum Baden, und so tummelten sich nur zahlreiche Enten darauf. Da packte Ninjoschi, so heißt eine der Hündinnen, das Jagdfieber. Es gelang ihr, sich von dem überraschten Herbert loszureißen und in den See zu springen. Dort machte sie vor aller Augen Jagd auf die Enten.

Mein Gott, war das Herbert peinlich! Rasch band er die beiden anderen Hunde, die ebenfalls an der Leine zerrten, an den nächsten Baum, zog die Schuhe aus und sprang seiner Ninjoschi fluchend hinterher ins eisige Wasser. Ein herrliches Schauspiel bot sich den Zuschauern am Seeufer: Mann jagt Hund, Hund jagt Enten. Die Wasservögel schwammen, was die Schwimmhäute hergaben, und brachten sich in Sicherheit.

Als die Entenjagd Ninjoschi schließlich zu langweilig wurde, wandte sie sich ihrem Herrchen zu. Sie dachte wohl, er wäre aus Versehen ins Wasser gefallen, packte ihn also kurz entschlossen am Genick und versuchte krampfhaft, ihn zu „retten". Bei seinen Versuchen, sich der „Schwimmhilfe" zu entziehen, schluckte Herbert ordentlich Seewasser.

Pech für ihn auch, daß er anschließend die ganzen zehn Kilometer in triefnasser Bekleidung nach Hause joggen durfte.

Die Ernährung Ihres „Nordischen"

Die Ernährung des Huskies ist bei weitem nicht so problematisch, wie allgemein angenommen wird. Vor allem sind die benötigten Mengen nicht so riesig, wie die meisten Leute sich das vorstellen. Oft höre ich: „Aber so ein Hund frißt doch sicher viel, das kostet doch 'ne Menge Geld."

Das stimmt jedoch nicht. Natürlich hat jeder Musher sein „Spezialfutter", aber für den durchschnittlich bewegten Husky reicht das normale, überall im Handel erhältliche Trockenfutter völlig aus. Es wird als Flokken- oder Preßfutter auf Getreide-, Gemüse- oder Geflügelbasis angeboten. Sie können das Preßfutter, das die Form von größeren Erbsen oder Bohnen hat, trocken oder in Wasser eingeweicht füttern. Bequemer ist es, trocken zu füttern. Das hat den Vorteil, daß das Futter im Winter nicht gefriert, wenn Sie im Freien füttern. Allerdings braucht der Hund dann reichlich Wasser. Flocken sollten eingeweicht gefüttert werden, denn sie sind sehr leicht, und wenn Ihr Hund erst einmal erlebt hat, wie lustig es ist, wenn man kräftig in den Flockennapf hineinprustet, sind Sie anschließend nur noch am Fegen.

Dosenfutter zwischendurch ist auch nicht falsch. Nur als Alleinfutter würde ich es nicht empfehlen. Wir geben es hin und wieder vermischt mit Trockenfutter. Im Urlaub ist es allerdings ganz praktisch.

Ein ganz besonderer Leckerbissen ist Trockenfisch. Für unseren Geschmack riecht er zwar etwas unangenehm, aber ein Hund hat seine wahre Freude daran. Außerdem ist der Fisch gesund. Im Handel sind auch rohe, gefrorene Makrelen erhältlich. Wenn Sie diese füttern, reduziert sich die Kotmenge des Hundes. Aber als Alleinfutter sind sie auf Dauer nicht geeignet.

Achten Sie darauf, daß Sie nicht an einem Tag rohes und am folgenden Tag gekochtes Fleisch füttern. Das kann Durchfall verursachen.

Hin und wieder wird Ihr Hund Gras fressen. Das hat nichts mit Wetterwechsel zu tun, wie manche glauben, sondern mit der Reinigung des Magens. Der Hund pflegt mit der Zunge sein Fell, dabei gelangen Haare in den Magen. Diese werden nicht verdaut, sondern zusammen mit dem Gras wieder hervorgewürgt. So einfach ist das.

Rinder- und Kalbsknochen sollten Sie roh füttern, Schweinefleisch, wenn überhaupt, nur gekocht. Schweinefleisch kann Träger eines Herpesvirus sein, das verantwortlich ist für die Aujeszkysche Krankheit (Pseudowut). Diese Krankheit verläuft beim Hund immer tödlich, während der Mensch absolut unempfänglich für dieses Virus ist. Das Virus wird immer mit dem Futter aufgenommen. Es siedelt sich im zentralen Nervensystem an und ruft eine Hirnhautentzündung hervor. Als Folge treten Bewußtseinsstörungen und eingeschränkte Bewegungsfähigkeit auf, einzelne Organe zeigen Ausfallerscheinungen. Diese Symptome können bereits drei Tage nach Aufnahme des Virus auftreten. Der Hund frißt plötzlich nicht mehr, erbricht laufend und wird schwach. Er wird ständig versuchen aufzustehen, um sich sofort wieder hinzulegen. Sein Gang wird schleppend und unkoordiniert. Er bekommt Fieber, u. U. bis zu 41 °C, sein Gesichtsausdruck ist dabei wirr und ängstlich. Schließlich wird er bewußtlos und stirbt innerhalb von 48 Stunden. Es gab leider bisher absolut keine Hilfe, wenn der Hund sich erst einmal infiziert hatte. Doch bahnt sich jetzt in diesem Punkt offenbar eine neue Entwicklung an. Die „Frankfurter Allgemeine" berichtete am 14. April 1993 über einen neuen Impfstoff gegen die Aujeszkysche Krankheit, der allerdings nur bei den Schweinen selbst angewandt wird:

„Das Bundesgesundheitsamt (BGA) hat den Verkauf des ersten gentechnisch gewonnenen Impfstoffes gegen die Aujeszkysche Krankheit (eine Schweinekrankheit) genehmigt. Der Impfstoff enthält abgeschwächte Pseudorabies-Viren, bei denen ein Gen vollständig, ein anderes Gen teilweise entfernt wurde. Es sei nicht zu erwarten, daß der Impfstoff „Nobi-Porvac Aujeszky lebend" schädliche Wirkungen auf das Leben und die Gesundheit von Menschen, Tieren und Pflanzen haben werde. Es gebe auch keine Hinweise darauf, daß das gentechnisch veränderte Virus durch geimpfte Schweine verbreitet werde. Der Impfstoff wurde auch von dem für Tierimpfstoffe verantwortlichen Paul-Ehrlich-Institut, Langen (Hessen), zugelassen."

Ich beschreibe das bewußt so ausführlich, damit Sie sich immer die Mühe machen, Schweinefleisch gut durchzukochen, um das Risiko einer Infizierung auszuschalten. Einfrieren nützt übrigens nichts, da das Virus die Kälte überlebt. Unsere Hunde bekommen generell nur noch abgekochtes Fleisch auch vom Rind und Kalb, da in letzter Zeit auch bei Rindern dieses Virus gefunden wurde.

Geflügelfleisch mit Knochen verbietet sich sowohl in roher als auch in gekochter Form. Roh wegen der Salmonellen, die nahezu in jedem gefrorenen Geflügel vorkommen. Die Folgen einer Salmonellenerkrankung dürften jedem bekannt sein. Gekocht und gebraten werden die Geflügelknochen spröde. Sie können auf dem Weg in den Magen steckenbleiben und so zum Erstickungstod führen. Sie können auch unverdaut vom Magen in den Darm gelangen und dort lebensgefährliche Verletzungen hervorrufen. Gegen ein gekochtes oder gebratenes Hühnerbrüstchen ist nichts einzuwenden.

Eine kurze Geschichte am Rande

Rolf, ein Bekannter von uns, der ebenfalls mehrere Huskies besitzt, hat ein weibliches Temperamentsbündel in seinem Rudel – und sein Nachbar einen Stall voller Hühner.

An einem Ostersonntag saß die ganze Familie gerade gemütlich beim Frühstück, als sie das aufgeregte Gegacker von in heller Panik durcheinanderflatternden Hühnern aus Nachbars Garten vernahm. Augenblicke später kam die besagte temperamentvolle Huskydame durch die Verandatür herein, legte mit leuchtenden Augen ein Huhn auf den Teppich und blickte dann auffordernd in die konsternierte Runde, als ob sie sagen wollte: „Habe ich das nicht gut gemacht? Ihr könnt mich ruhig loben." Noch bevor sich jemand von diesem Schreck erholt hatte, war sie schon wieder zur Tür hinaus auf dem Weg zurück zum Hühnerstall.

Jetzt kam Leben in die Frühstücksrunde. Vater, Mutter und die beiden Kinder stürzten ihr nach und rannten hinüber zum Hühnerstall, wo ihnen die Hündin bereits mit einem zweiten Huhn in den Fängen entgegenkam . . .

Der freundliche Nachbar hatte, Gott sei Dank, Humor und überließ der Familie die beiden Hühner gegen ein kleines Entgelt. Rolf kaufte ihm jedoch, in weiser Voraussicht, gleich nach den Feiertagen ein Dutzend neuer Hühner. Das Geld war gut angelegt. Einige Zeit später nämlich gelang es der Übeltäterin erneut, auszubüchsen und im Hühnerstall wiederum für Panik zu sorgen.

Dem Husky reicht es vollkommen, wenn er einmal am Tag sein Futter bekommt. Dabei bleibt es Ihnen überlassen, ob Sie morgens, mittags oder abends füttern. Die einmal gewählte Fütterungszeit sollte dann allerdings auch immer eingehalten werden. Solange Ihr „Nordlicht" noch im Welpenalter ist, füttern Sie anfangs dreimal und später dann zweimal täglich. Sie sehen es am Futternapf, wie groß der Hunger des Welpen ist. Läßt er nach jeder Mahlzeit zu viel übrig, reduzieren Sie das Futter entsprechend. Denn was er nicht schafft, will er vielleicht vergraben „für schlechte Zeiten". Das kann in der Wohnung unangenehm werden.

Die Wasserschüssel sollte immer mit frischem Wasser gefüllt sein. Wenn Sie Ihren Husky im Zwinger halten, rate ich Ihnen, lieber einen Eimer Wasser an einem Pfosten aufzuhängen. Denn wenn Ihr Hund Langeweile verspürt oder übermütig wird, schmeißt er einen auf den Boden gestellten Napf gerne um. Unsere „Schlingel" haben es schon fertiggebracht, mit vereinten Kräften einen schweren, verzinkten Metalleimer aus einem Betonring herauszuheben, nur um ihn dann auszukippen und anschließend mit lautem Geschepper durch den Zwinger zu ziehen.

Die Futterschüssel sollte so geformt sein, daß der Hund sie nicht mit seinen Zähnen fassen und umkippen kann. Es gibt Schüsseln aus Edel-

stahl, die sie nicht umwerfen können. Sie kosten etwa 30,- DM, doch dieses Geld macht sich bezahlt.

Der Husky ist ein optimaler Futterverwerter. Er frißt keine großen Mengen, und das kommt Ihrem Geldbeutel zugute. Ein Sack (20 kg) hervorragendes Futter kostet zwischen 50,- und 70,- DM. Je kg Körpergewicht braucht der erwachsene Hund ca. 10–15 g Trockenfutter pro Tag. Das sind für einen ausgewachsenen Hund also etwa 250–300 g. Sie können sich also ausrechnen, wie lange ein Sack Futter reicht. Dem Welpen geben Sie ca. 200 g Welpentrockenfutter pro Mahlzeit und reduzieren, wenn Sie merken, daß sein Appetit abnimmt.

Wenn Sie die Möglichkeit haben, gefrorenes Hundefutter zu lagern, können Sie im Handel zerkleinertes Rindfleisch und grünen Pansen in Kilopäckchen kaufen. 1 kg Fleisch kostet etwa 3,50 DM, 1 kg grüner Pansen etwa 2,- DM. Wenn Sie das aufgetaut mit Trockenfutter mischen, müssen Sie die Menge des Trockenfutters entsprechend reduzieren. Bei ausgewogenem Fertigfutter können Sie auf Zusatzmittel wie Felltonikum, Vitamine, Kalk usw. verzichten.

Die meisten Huskies fressen auch gerne rohe Karotten, Äpfel und andere Gemüse- und Obstsorten, auch ein gekochtes Ei oder im Winter ein Stückchen Butter. Das kostet nicht die Welt, und Ihr Hund freut sich darüber. Sie müssen ganz einfach ausprobieren, was er an Obst und Gemüse mag. Meine Hunde fressen auch gerne Erbsen mit Karotten aus der Dose. Einer steht voll auf Kopfsalat.

Wenn Sie mit Ihrem Husky Leistungssport betreiben, sieht die Fütterung natürlich etwas anders aus. Dann müssen Sie „HE-Futter" (HE = High Energy) geben. Die Kosten werden dadurch nicht höher, aber die Zusammensetzung des Futters ist auf Leistung abgestimmt. Die Nahrung muß ihrem Hund die notwendige Energie für die erhöhten Anfor-

Tabelle 1: Richtwerte für die tägliche Versorgung eines sportlich nicht geforderten Hundes mit verdaulicher Energie (vE) und verdaulichem Rohprotein (vRp):

Gewicht des Hundes	verd. Rp (g)	verd. E (MJ)	Relation vRp (g): vE (MJ)
5	17	1,7–2,0	
10	28	2,8–3,4	10–8,3 : 1
20	47	4,7–5,7	
35	72	7,2–8,6	

derungen in bester Qualität und ausreichender Menge liefern und mithelfen, seinen Flüssigkeitshaushalt aufrechtzuerhalten.

Der Energiebedarf des Schlittenhundes im aktiven Sport beträgt bei einer Bewegungsdauer von 1 bis 2 Stunden das 2- bis 3fache des Erhaltungsbedarfs.

Tabelle 2: Beispiel einer möglichen Zusammensetzung von im Handel erhältlichen Hundefutter pro kg:

Rohprotein	32,0 %	Wachstum, Muskelaufbau
Fett	18,0 %	Kraft, schönes Fell
Linolsäure	1,2 %	schönes Fell

Zusatzstoffe

Vitamin A	20 000	IE	Augen, Fell, Fortpflanzung
Vitamin D_3	575,0	IE	Knochen, Gebiß
Vitamin E	70,0	mg	Fortpflanzung, Wachstum
Thiamin (B_1)	5,5	mg	Nerven, Appetit
Riboflavin (B_2)	2,8	mg	Wachstum, Fell, Augen
Panthothensäure	11,5	mg	Verdauung, Wachstum
Niacin	35,0	mg	Nerven, Kraft, Energie
Vitamin B_6	6,5	mg	Wachstum, Nerven, Blut
Folsäure	0,55	mg	Blut, Immunsystem
Biotin	0,1	mg	Fell
Vitamin B_{12}	0,021	mg	Wachstum, Blut
Cholin	1.200	mg	Leber, Wachstum
Vitamin K	0,25	mg	Blut

Mineralien und Spurenelemente

Calcium	1,7	%	Knochen, Gebiß
Phosphor	1,1	%	Knochen, Gebiß
Kalium	0,65	%	Wachstum, Nervensystem
Natriumchlorid	1,0	%	Regul. d. Körperflüssigkeit
Magnesium	0,17	%	Wachstum, Stoffwechselreg.
Eisen	400,0	mg	Blutbildung
Zink	145,0	mg	Wachstum, Fell, Appetit
Kupfer	15,0	mg	Blut und Fell
Mangan	50,0	mg	Stoffwechselregulierung
Jod	1,4	mg	Schilddrüse
Selen	0,1	mg	Wachstum

Es gibt noch vielerlei Zusatzmittel, aber diese einzeln aufzuführen, ginge hier zu weit. Ohnehin hat jeder „Aktive" hierzu seine eigenen Ansichten. Sollten Sie wirklich Ernst machen mit dem Schlittenhundesport, werden Sie sich vermutlich einem Schlittenhundeklub anschließen, und beim gegenseitigen Erfahrungsaustausch erhalten Sie genügend „heiße Tips" zum Thema Fütterung. Es ist ratsam, daß Sie Ihren Hund stets im Zwinger füttern, weil er dann den Aufenthalt dort als angenehm empfindet. Wenn Sie ihn im Haus füttern und anschließend in den Zwinger bringen, empfindet er dies als „Abschiebehaft".

Hier ein Hundekuchen-Rezept zum Nachbacken:

Zutaten:

550 g Weizenmehl
200 g geschroteter Weizen
100 g Roggenmehl
100 g Hafermehl
 50 g Trockenmagermilch
  4 Teelöffel Salz
 40 g Hefe (1 Würfel)
  1 Ei
  1 Eßlöffel Milch zum Bestreichen
  1 Teelöffel Zucker
  3 Teelöffel gekörnte Brühe, aufgelöst in $1/2$ l lauwarmem Wasser

Die ersten sechs Zutaten trocken mischen, die Hefe mit 1 Teelöffel Zucker in $1/2$ Tasse warmem Wasser auflösen, gehen lassen und in die Trockenmischung einrühren. Das Ei zugeben und so viel Brühe, daß der Teig nicht klebt. Gut durchkneten und gehenlassen. Anschließend auf bemehlter Fläche ausrollen und mit einem Förmchen Plätzchen ausstechen. 1 Ei und 1 Eßlöffel Milch verquirlen und die Plätzchen bestreichen. Bei ca. 200 °C etwa 25 Minuten backen. Dann den Ofen abschalten, die Plätzchen aber noch im Backofen lassen, bis sie knochenhart sind.

Dieses Rezept ergibt etwa 100 Hundekuchen von Zwiebackgröße und kostet so ungefähr 3,– DM. Die Zutaten bekommen Sie in jeder Mühle. Wenn keine in Ihrer Nähe ist, etwas teurer auch im Reformhaus erhältlich.

Ein paar Worte zur Pflege des Schlittenhundes

Der Siberian Husky ist außerordentlich pflegeleicht. Sein Fell sollten Sie nur im äußersten Fall schamponieren, da es sonst entfettet wird. Er braucht dieses Haarfett als Schutz, denn er badet nicht nur im Sommer gerne in Bächen und Seen, sondern auch in der kalten Jahreszeit. Die dichte Unterwolle in Verbindung mit dem Haarfett sorgt dafür, daß das Wasser nicht bis auf die Haut durchdringen kann. So ist das Tier vor Erkältungen weitgehend geschützt.

Unumgänglich kann ein Schaumbad werden, wenn Ihr vierbeiniger Freund sich wieder einmal voller Wonne in „herrlich duftendem" Mist gewälzt hat. Dieses Vergnügen leistet er sich gerne immer wieder, wenn er, z. B. auf einem Spaziergang, die Gelegenheit dazu findet. Sollten Sie ihn also einmal duschen oder baden müssen, können Sie ein mildes Baby-Schampon verwenden. Sie müssen nicht unbedingt ein teures Hunde-Schampon kaufen.

Bürsten und Kämmen mag er normalerweise nicht gerne. Er ist ein sehr sauberes Kerlchen und hat das gewöhnlich auch nicht nötig. Lediglich während des Fellwechsels helfe ich mit dem Kamm nach. Im Handel gibt es geeignete Kämme und Bürsten für etwa 10,– DM.

Die Haare, die der Hund im Zwinger verliert, werden im Frühjahr gerne von den Vögeln gesammelt und zum Nestbau verwendet. Sie können die Haare jedoch auch selber sammeln, mit Schafwolle verspinnen (lassen) und einen herrlich warmen Pullover stricken.

90
87
84
81
78
75
72
69
66
63
60
57
54
51
48
45
42
39
36
33
30
27
24
21
18
15
12
09
06
03

| 60 | 57 | 54 | 51 | 48 | 45 | 42 | 39 | 36 | 33 | 30 | 27 | 24 | 21 | 18 | 15 | 12 | 09 | 06 | 03 |

Einstrickmuster für Jacke oder Pullover, gestrickt mit Wolle für Nadelstärke 5:

Breite des Motivs ca. 40 cm, Höhe ca. 55 cm. Jedes Karo entspricht 3 Maschen in der Breite und 3 Reihen in der Höhe.
Material: Angora; Garn doppelt nehmen.
Farbvorschlag: Kopf schwarzweiß, Augen blau, Zunge rot.

Sicherheitshalber sind die Ohren zwischendurch auf Entzündungen zu kontrollieren. In der Regel ist der Husky nicht anfällig für Ohrenentzündungen, aber es gibt natürlich keine Regel ohne Ausnahme. Viel wichtiger ist die regelmäßige Kontrolle des Gebisses auf Schäden und Zahnstein. Eine Bekannte von mir wunderte sich einst darüber, daß ihr Hund mit der Zeit ganz fürchterlich zu sabbern anfing. Natürlich schob sie es auf das Alter. Irgendwann stellte sie dann durch einen Zufall fest, daß ihr Hund außer seinen Schneidezähnen keinen Zahn mehr im Mund hatte.

Wenn Sie ausschließlich Weichfutter geben, bildet sich, wie beim Menschen, Zahnstein. Also, zwischendurch einen Knochen oder einen harten, selbstgebackenen Hundekuchen zur Zahnreinigung „servieren", dann hat der Zahnstein keine Chance, und Ihr Hund ist außerdem für eine ganze Weile beschäftigt.

Die Krallen nützen sich bei regelmäßigem Training von alleine ab. Somit entfällt dann das lästige Feilen. Im Winter pflege ich die Ballen mit Melkfett aus dem Landwirtschaftsgeschäft. Es ist preiswert und hält die Ballen weich und geschmeidig. Wenn Sie aber Pech haben, schmeckt Ihrem Hund das Melkfett. Er wird dann so lange nicht laufen, bis er es restlos von seinen Pfoten abgeleckt hat. Das Melkfett verhindert auch, daß die Haare zwischen den Zehen vereisen. Hunden, die längere Strecken auf Wegen gelaufen sind, die mit Streusalz eisfrei gehalten wurden, sollte man anschließend die Pfoten mit warmem Wasser abwaschen.

Kontrollieren Sie das Fell des Hundes auch immer wieder auf Ungeziefer. Sie erkennen Flohbefall z.B. am Flohkot, der sich im Fell und auf der Haut durch kleine schwarze Pünktchen zeigt. Ein fremder Hund kann schon einmal solch ungebetene Gäste mitbringen. Das ist jedoch kein Grund zur Panik. Gehen Sie in einem solchen Fall zum Tierarzt. Er wird dem Hund ein flüssiges Parasitenbekämpfungsmittel in den Nacken reiben. Das Medikament dringt durch die Haut und erreicht über das Blut das Ungeziefer. So wird Ihr Hund seine Flöhe wieder los (hilft auch gegen Zecken).

Im übrigen hat der Siberian Husky kaum Eigengeruch. Lediglich wenn er naß ist, kann man den Hund riechen.

Ihr Schlittenhund hat jedoch nicht nur einen Körper, der gepflegt sein will. Er hat auch eine sehr empfindsame Seele, die der „Pflege" bedarf. Jedes meiner Rudelmitglieder hat hier ganz individuelle Bedürfnisse. Große Freude kommt z.B. jedesmal auf, wenn sie mich in meiner Woh-

Freitagsbesuch im Haus der Autorin.

nung besuchen dürfen. Und jeder Hund bringt dabei seine Freude auf andere Weise zum Ausdruck: Eine Hündin hat „ihren" Sessel, den sie sofort mit Beschlag belegt. Eine junge Hündin rast jedesmal wie ein geölter Blitz durch die ganze Wohnung, um dann bei mir genüßlich auf dem Sofa zu liegen. Ein Jungrüde legt sich am liebsten auf meine Füße, um mich am Weggehen zu hindern. Mein Großer bleibt hingegen lieber vor der Glastüre, damit er als erster wieder nach draußen kann. Nach einiger Zeit legt sich jeder Hund irgendwo in der Wohnung hin und bleibt mehr oder weniger unsichtbar.

Solche Überfälle lasse ich meistens freitags zu, wenn anschließend sowieso geputzt wird. Wenn Ihr Hund im Zwinger wohnt, können Sie diese Besuche steuern, wenn nicht, müssen Sie ihm schon als Welpe beibringen, was Sie dulden und was nicht. Er kann nämlich nicht verstehen, warum er als Welpe früher mit ins Bett durfte (sollte er besser nicht) und später plötzlich nicht mehr.

Huskies haben ein ganz unterschiedliches Schmusebedürfnis, genau wie wir Menschen auch. Der eine möchte gerne Hautkontakt und sucht daher ständig mit seinem ganzen Körper Ihre Nähe, der andere fühlt sich eingeengt und will nur seinen Kopf auf Ihr Knie legen.

Was Ihr Hund gerne mag, werden Sie selbst schnell herausfinden.

Krankheiten, Parasiten, Verletzungen

Auf Erkrankungen des Schlittenhundes will ich hier nur sehr oberflächlich eingehen, denn dieses Kapitel füllt ein Buch für sich allein. Ich empfehle an dieser Stelle, sich ein spezielles Fachbuch über Hundekrankheiten, deren Ursachen, Erkennung und Behandlung anzuschaffen. Im Erkrankungsfall sollten Sie jedoch stets einen Tierarzt konsultieren.

Wenn Sie sich täglich mit Ihrem Hund beschäftigen, wird Ihnen ein abweichendes Verhalten sofort auffallen. Wenn ihm unwohl ist oder wenn er Schmerzen hat, wird er Ihnen dies auf seine Weise zeigen. Hat er z. B. auf dem Spaziergang etwas Unrechtes gefressen, ohne daß Sie es bemerkt haben, kann er Durchfall bekommen oder sich erbrechen. Sie beobachten ihn dann genau und achten darauf, daß er immer genügend Flüssigkeit zu sich nimmt. Denn durch Erbrechen verliert er viel Körperflüssigkeit, und das kann u. U. lebensgefährlich werden (andererseits kann erhöhte Flüssigkeitsaufnahme ebenfalls auf eine organische Störung hinweisen).

Durchfall kann Ihr Hund auch von einer Futterumstellung bekommen. Deshalb sollten Sie darauf achten, daß Sie immer das gleiche Futter kaufen. Sollte sein Durchfall länger als einen Tag anhalten, konsultieren Sie besser den Tierarzt.

Wenn Sie mitbekommen, daß er unterwegs vielleicht etwas Giftiges gefressen hat, z. B. einen ausgelegten Köder oder eine giftige Pflanze, fahren Sie sofort mit ihm zum nächsten Tierarzt. Er wird den Hund durch ein Medikament, das er ihm spritzt, sofort zum Erbrechen bringen und dann die weitere Behandlung festlegen. Glysantin (Frostschutzmittel, z. B. aus einem defekten Autokühler) schmeckt süß. Ihr Hund wird versuchen es aufzulecken. Das kann tödlich enden.

Wenn er einen Fremdkörper verschluckt hat, sei es beim Spielen oder einfach aus Futterneid, müssen Sie ebenfalls zum Tierarzt. Er wird ihm Glyzerin verabreichen und so versuchen, den verschluckten Gegenstand geschmeidig zu machen, damit er auf natürlichem Weg wieder zum Vorschein kommt. Sollte das nicht möglich sein, weil der Gegenstand zu groß ist, was durch Tasten oder Röntgen festgestellt werden kann, muß er ggf. operativ entfernt werden.

Die Hündin einer Bekannten verschluckte einmal beim Spiel einen halben(!) Tennisball. Dieser legte sich vor den Magenausgang. Das Tier erbrach sich, fraß nicht mehr und wurde ganz apathisch. Beim Röntgen stellte man einen undefinierbaren, halbrunden Gegenstand fest, der sich bei der Operation dann als besagter halber Tennisball herausstellte.

Im Sommer wird Ihr Hund mit Sicherheit die eine oder andere Zecke mit nach Hause bringen. Es gibt Zeckenhalsbänder, Zeckenspray, Zeckenpuder und Zeckenzangen. Sie können Öl auf die Zecke geben, Nagellackentferner und was sonst noch so als „guter Tip" gilt. Von alledem halte ich nichts. Geht Ihr Hund einmal mit dem Zeckenhalsband ins Wasser, ist die Wirkung dahin. Puder und Spray dringen fast nicht bis zur Haut durch. Außerdem kenne ich keinen Hund, der so eine Behandlung leiden mag. Am besten lockern Sie die Zecke mit dem Zeigefinger durch kreisende Bewegung und heben sie dann ab. Der Kopf muß dabei mit heraus, denn sonst entsteht an der Stelle eine böse Entzündung.

Würmer sind Parasiten, die auf Kosten des Hundes leben und nicht wieder zu reparierende Schäden anrichten können. Aber auch der Mensch kann u. U. von einigen dieser Parasiten befallen werden. Doch ist die Gefahr sehr gering, wenn die allgemeinen Hygienevorschriften (Händewaschen!) beachtet werden. Den Hund z. B. mit ins Bett zu nehmen ist ebenso unhygienisch, wie wenn Sie mit Ihren Pantoffeln schlafen gingen.

Der B a n d w u r m Echinococcus wird als sogenannter „Hundewurm" von den Hundebesitzern als besonders gefährlich angesehen. Dennoch braucht man keine übertriebene Angst zu haben, wenn man genügend Vorsicht bei der Hygiene walten läßt. Gegen den Echinococcus gibt es schnell wirkende Wurmmittel, die alle im Darm befindlichen Bandwürmer abtöten, so daß eine Ansteckungsgefahr nicht mehr besteht.

S p u l w ü r m e r sind am weitesten verbreitet, doch entwickeln Hunde eine Altersresistenz gegen sie, so daß Hunde, die älter als ein Jahr sind, kaum noch Spulwürmer beherbergen. Es empfiehlt sich, bereits am

18. Lebenstag der Welpen mit der ersten Wurmkur zu beginnen und nach 8 Tagen und später nochmals nach 2 bis 3 Wochen zu wiederholen. So können sich bei den Welpen reife Spulwürmer gar nicht erst entwickeln.

K o k z i d i o s e : Kokzidien sind keine Würmer sondern Protozoen (Urtierchen), die im Darm schmarotzen. Vor allem der Stuhl eines gerade von einem Züchter erworbenen Hundes sollte umgehend vom Tierarzt auf Darmparasiten untersucht werden, damit er seine Umwelt nicht mit Parasiten-„Eiern" verseucht. Ggf. müssen Sie ihm über längere Zeit hinweg kokzidienabtötende Arzneimittel verabreichen.

H a k e n w ü r m e r ernähren sich ausschließlich von Blut, das sie aus den Darmzotten saugen. Das kann zu einer schweren Blutarmut führen und so den Welpen schädigen, der die Hakenwürmer beim Saugen über die Milch aufnimmt. Doch gibt es wirksame Arzneimittel dagegen.

P e i t s c h e n w ü r m e r sind wie die Hakenwürmer Blutsauger, die sich im Blind- und Enddarm des Hundes festsetzen. Auch gegen sie gibt es wirksame Medikamente.

Nach einer Entwurmung sollten unbedingt auch Zwinger, Hütte, Schlafstelle und alle Gegenstände, mit denen der Hund in Berührung kommt, desinfiziert werden. Was Ihre Gefährdung durch Hundekrankheiten anbelangt, so ist die Chance, im Lotto zu gewinnen, bestimmt größer als die Möglichkeit einer Ansteckung durch Ihren Hund.

Im Winter wird Ihr Hund hin und wieder Schnee fressen und davon Durchfall bekommen. Das ist nicht weiter gefährlich. Sollte der Durchfall aber länger als einen Tag anhalten, konsultieren sie besser den Tierarzt.

Auf die A u j e s z k y s c h e K r a n k h e i t (Pseudowut) bin ich bereits im Kapitel „Ernährung" des Hundes eingegangen.

Wenn Ihr Hund hustet (Z w i n g e r h u s t e n), kann ein Hustenmittel aus Ihrer Hausapotheke helfen, aber konsultieren Sie vor der Verabreichung den Tierarzt. Messen Sie auch die Temperatur, bevor Sie ihn anrufen. Denn der Arzt wird wissen wollen, ob der Hund Fieber hat. Die Normaltemperatur liegt beim Hund etwa 1 Grad höher als beim Menschen.

Kontrollieren Sie auch hin und wieder mit einem Teststreifen aus der Apotheke den Urin des Hundes. Stellen Sie Abweichungen von den Normalwerten fest, sprechen Sie mit Ihrem Tierarzt.

Gegen S t a u p e (S), L e p t o s p i r o s e (L), H e p a t i t i s (H), P a r v o v i r o s e (P), T o l l w u t (T) und Zwingerhusten müssen Sie Ihren Hund regelmäßig impfen lassen. Wenn Sie Ihren Hund im Alter von drei Monaten vom Züchter abholen, ist er in der Regel fertig geimpft. D. h., er hat bereits zweimal die Mehrfachimpfung im Abstand von 4 Wochen erhalten. Die nächste Impfung gegen Leptospirose, Tollwut und Parvovirose ist nach einem Jahr erforderlich.

Gegen den meist tödlichen W u n d s t a r r k r a m p f läßt man den Hund vorbeugend impfen. Wundstarrkrampf (Tetanus) kann sich nach einer Verletzung und anschließender Verschmutzung der Wunde einstellen. Die Inkubationszeit beträgt 3 bis 4 Wochen. Die Erkennungsmerkmale sind steifer Gang, starrer Blick und nach hinten verzogene Mundwinkel.

Lassen Sie sich vom Züchter das Impfbuch geben. Sie können daraus entnehmen, wann und wogegen der Hund bereits geimpft wurde, und wann und wogegen die nächste Impfung fällig ist. Bitten Sie Ihren Tierarzt, daß er im hinteren Teil des Impfausweises die entsprechenden Vermerke einträgt.

Dieser Impfausweis ist auch bei jedem Grenzübertritt vorzuzeigen. Die entsprechenden Impfvorschriften für jedes Land entnehmen Sie bitte dessen Bestimmungen. Hier kann auch der Tierarzt weiterhelfen. Auch die Automobilklubs veröffentlichen in der Urlaubszeit entsprechende Tabellen.

Eine B ä n d e r - o d e r M u s k e l z e r r u n g kann auftreten, wenn Sie Ihren Hund einspannen und sofort Höchsttempo verlangen, ohne ihm ausreichend Warmlaufzeit zu gewähren. Das sollten Sie unbedingt vermeiden. Aus eigener Erfahrung wissen Sie vielleicht, wie schmerzhaft und langwierig eine Behandlung ist. Der Hund fällt entsprechend lange aus. Ähnliches kann auch passieren, wenn er über ein Feld rennt und dabei in ein Loch tritt. Mancher Hund hat sich so schon ein Bein gebrochen. Der Tierarzt wird in jedem Fall die notwendige Behandlung festlegen. In einem solchen Fall müssen Sie jedoch nicht verzweifeln. Wenn der Bruch oder Bänderriß verheilt ist, wird Ihr Hund wieder laufen können.

Hat er sich trotz aller Vorsichtsmaßnahmen doch einmal die P f o t e n w u n d g e l a u f e n , hilft ein Bad mit Magnesiumsalz oder Betaisodonaseife und Melkfett. Wenn er sich einen Dorn oder sonstigen

Fremdkörper in die Pfote getreten hat, lassen Sie diesen vom Tierarzt entfernen und baden Sie die Pfote anschließend mehrere Tage.

Für zu Hause und unterwegs sollten Sie eine griffbereite **Erste-Hilfe-Box** haben, mit folgendem Inhalt: Betaisodonaseife, Antibiotikasalbe, Magnesiumsalz für ein Fußbad, Melkfett oder Vaseline, kleine Pinzette, Schere, sterile Tupfer, Verbandsmull und Bandagen, blutstillende Lösung, Superkleber, Booties, Tabletten (Zäpfchen) gegen Erbrechen, Tabletten gegen Durchfall.

Eine M a g e n d r e h u n g endet trotz ärztlicher Hilfe in 50% der Fälle innerhalb von 24 Stunden tödlich. Der Magen dreht sich dabei um seine Längsachse. Warum dies passieren kann, ist bis heute noch nicht geklärt. Der Magen kann sich auch wieder zurückdrehen, jedoch wird dies meistens durch die Füllung des Magens verhindert. Eine Magendrehung bei leerem Magen wurde noch nie festgestellt. Durch eine Röntgenuntersuchung ist eine Magendrehung leider nicht zu erkennen. Anzeichen für eine Magendrehung können sein: Aufblähung des Bauches und Atemnot, begleitet von Erbrechen wenige Stunden nach der Fütterung. Der Hund ist sehr unruhig, legt sich ständig hin und steht wieder auf. Der Zustand verschlechtert sich rapide, und nach sehr kurzer Zeit kann er sich nicht mehr auf den Beinen halten. Umgehend den Tierarzt konsultieren!

Daß Ihr Hund O h r e n s c h m e r z e n hat, können Sie daran erkennen, daß er den Kopf schüttelt und ständig versucht, sich mit den Pfoten zu kratzen. Wenn Sie es sich zur Gewohnheit machen, regelmäßig die Ohren zu kontrollieren und ggf. das äußere Ohr mit Wattestäbchen zu reinigen, wird Ihnen eine mögliche Veränderung ohnehin rechtzeitig auffallen. Sollten Sie eine Entzündung oder einen Ausfluß bemerken, holen Sie sich Rat bei Ihrem Tierarzt. Es kommt auch gelegentlich vor, daß sich eine Zecke im Ohr festsetzt. Diese sollten Sie ebenfalls lieber vom Tierarzt entfernen lassen.

Bei der O h r r ä u d e handelt es sich um eine Erkrankung, die von Milben verursacht wird, die ausschließlich in den Ohren von Hunden, Katzen, Füchsen und Dachsen leben. Symptome der Erkrankung sind ständiges Kratzen, Kopfschütteln und die vermehrte Bildung von dunklem Ohrenschmalz. Die Milben stechen die Haut des Gehörganges an und saugen sich mit Körpersäften voll. Die ständige Reizung führt zur verstärkten Bildung von Ohrenschmalz. Ein Besuch beim Tierarzt ist angesagt. Die Bekämpfung der Schmarotzer ist einfach, muß aber konsequent durchgeführt werden.

Die HD (H ü f t g e l e n k s d y s p l a s i e) tritt bei Nordischen Hunden sehr selten auf. Sie kann in einem Alter ab 1½ bis 2 Jahren durch Röntgenaufnahmen kontrolliert werden. Da die Hüftgelenke gerade bei Schlittenhunden stark beansprucht werden, wird vom DCNH für jeden Züchter diese Kontrolle vorgeschrieben. Ich empfehle generell jedem Schlittenhundebesitzer in seinem eigenen Interesse und dem des Hundes diese HD-Untersuchung. Bei vorliegender HD liegt der Hüftkopf nicht tief genug und fest in der Hüftpfanne. Das heißt, er kann hin und her rutschen und im schlimmsten Fall auskugeln. Die vorderen Flächen der Pfanne und der Kopf werden übermäßig beansprucht und abgenützt. Dieser verstärkte Verschleiß kann sich nicht in dem erforderlichen Maße regenerieren, und das Gelenk entzündet sich. Der Hund leidet an äußerst starken Schmerzen und macht nur noch die notwendigsten Bewegungen. Im fortgeschrittenen Stadium versteift sich das Gelenk.

Der Grad der HD wird unterteilt wie folgt:

A1 und A2	=	HD-frei (HDF)
B1 und B2	=	HD-Verdacht (HDV)
C1 und C2	=	leichte HD (HDL)
D1 und D2	=	mittlere HD(HDM)
E	=	schwere HD (HDS)

Der alternde Schlittenhund

Jeder Hund wird einmal alt, darüber müssen Sie sich schon beim Kauf des Welpen im klaren sein. Die verschiedenen Hunderassen haben eine unterschiedliche Lebenserwartung. Diese ist beim Nordischen Hund relativ hoch und liegt zwischen 12 und 15 Jahren. Sie gehen also mit der Anschaffung eines Hundes eine langfristige Verpflichtung ein. Der Siberian Husky entwickelt sich langsam, eine Hündin wird erst mit etwa 2, ein Rüde mit 2½ Jahren erwachsen. Bei gesunder Ernährung und ausreichender Bewegung werden Sie dann jedoch Ihren Husky bis ins hohe

Alter einspannen können. Er wird im fortgeschrittenen Alter allerdings langsamer und verliert an Kraft. Wenn sich Alterserscheinungen einstellen wie z. B. Rheuma, Gelenkschmerzen, Seh- und Hörschwäche usw., wird Ihnen das nicht verborgen bleiben. Der Hund macht Sie durch sein verändertes Verhalten darauf aufmerksam, z. B. rennt er dann nicht mehr gerne. Tägliches Spazierengehen reicht ihm dann vollkommen. Auch wohnt er im Alter lieber im Haus bei seiner Familie.

Viele Züchter und Musher geben alternde Huskies, deren Drang zum Ziehen stark nachgelassen hat, gerne an Wanderfreunde ab. Sie brauchen den Platz für junge Hunde zur Nachzucht. Da auch ein älterer Husky sich noch relativ leicht auf eine neue Familie einstellt, wenn man ihm genügend Aufmerksamkeit und Zuwendung widmet, ist dagegen nichts einzuwenden. Der Hund wird es im Gegenteil genießen, wenn er von seinem neuen Besitzer im Alter verwöhnt wird.

Tips für die Erziehung Ihres Hundes

Auch für den Husky gilt: Was Hänschen nicht lernt, lernt Hans nimmermehr.

Über eines sollten Sie sich von vornherein im klaren sein: Abrichten wie einen Schäferhund können Sie Ihren Husky nicht. Er ist nun mal kein Wachhund und wird auch nie einer werden. Er wird auch selten bellen, denn sein Metier ist das Heulen. Und es gibt auch bei uns genügend Anlässe, ihn zu einem „schönen" Wolfsgeheul zu animieren. Z. B. Sonntag morgens um 6 Uhr das Geläut der Kirchenglocken: Wenn die Glokken hell erklingen, alle meine Huskies singen . . .

Das werden Sie sehr schnell mitbekommen und deshalb Ihren Wecker so stellen, daß Sie rechtzeitig zu Beginn der „Musik" am Zwinger präsent sind. Wenn dann Ihr „Psst-psst" nichts hilft, greifen Sie halt zum Gartenschlauch und bespritzen Ihren Hund ein bißchen. Das tut ja nicht weh, vertreibt aber die Lust am Heulen, und der Hund wird in seine Hütte flüchten. Wenn Sie das einige Male praktiziert haben, werden Sie Ruhe haben.

Auch die Sirenen der Polizei- und Rettungsfahrzeuge haben einen „herrlichen" Klang, der zum Heulen stimuliert. Abhilfe siehe weiter

oben! Allerdings gibt es dabei ein kleines Problem. Sirenen können zu jeder Tag- und Nachtzeit ertönen, und ein Hund hört sie bereits viel früher als Sie.

Das Heulen dauert in der Regel 20 bis 40 Sekunden, wenn Sie es nicht unterbrechen. Wiederholungen innerhalb kurzer Zeit sind aber selten.

Wenn eine Katze provozierend um den Zwinger schleicht, weil sie ganz genau weiß, daß der Hund nicht heraus kann, verursacht das verständlicherweise ebenfalls einige Unruhe. Aber wenn Sie der Katze einigemal „gut zureden", bleibt sie in Zukunft vielleicht weg.

Wollen Sie Ihrem Husky Gehorsam beibringen, brauchen Sie dazu viel Zeit sowie Geduld, und Sie müssen bereits im Welpenalter mit der Erziehung beginnen. Wenn Sie viel mit ihm üben, wird er Ihnen auch meistens gehorchen. Die Lust, auszubüchsen, werden Sie ihm jedoch nicht abgewöhnen können. Letztendlich wird immer er bestimmen, wann er die Gelegenheit zu einem Ausflug nützt und wann er wieder zurückkehrt. Deshalb ist es sehr ratsam, ihn stets an der Leine zu führen. Sie ersparen sich dadurch sehr viel Ärger mit Nachbarn, Förstern und Jägern. Auch sollten Sie nicht unnötig das Risiko eingehen, daß Ihr Freund als angeblicher „Wilderer" abgeschossen wird. Sollte er dennoch einmal einen Ausflug gemacht haben, dürfen Sie ihn bei seiner Rückkehr keinesfalls bestrafen. Sie sollten ihn vielmehr fest loben, daß er zurückgekommen ist. Denn daß er unerlaubt weg war, hat er natürlich längst vergessen und er würde einen „harschen" Empfang als ungerecht empfinden.

Unternimmt einer unserer Hunde einmal einen Ausflug auf eigene Faust, fahren wir ihm mit dem Auto hinterher, bis wir ihn sehen. Dann stellen wir den Motor ab, machen die Wagentür auf und rufen laut und hart. Er kommt dann im „Tiefflug" angerannt und springt in den Wagen, weil er Angst hat, daß man ohne ihn wegfährt. Die meisten Hunde fahren nämlich gerne Auto.

Müssen Sie ihn einmal bestrafen, tun Sie das besser nicht mit der zusammengerollten Zeitung, der Leine oder einem Hausschuh. Denn wann immer sie später einen dieser Gegenstände in die Hand nehmen, wird er sich ducken, in Erwartung einer Strafe, ohne zu wissen warum.

Besser Sie packen ihn unmittelbar nach einer Untat beim Genick und schütteln ihn, wie es seine Mutter mit ihm als Welpe gemacht hat. Erheben Sie dabei Ihre Stimme, und der Hund weiß, daß er etwas Verbotenes getan hat. Sie tun ihm dabei nicht weh, aber er wird Ihr Geschrei nicht mögen und sich schämen. Nachtragend ist er auf keinen Fall. Eine Minute später ist alles schon vergessen.

Zur Erziehung gehört auch das Verhalten bei Tisch, falls Sie Ihren Hund in der Wohnung halten. Das Füttern vom Tisch verbietet sich von selbst, da menschliche Nahrung für Hunde ungeeignet ist, sie werden nur fett davon. Wenn Sie hier nicht konsequent sind, wird Ihr Hund Sie mit seinen Augen becircen, sich dabei immer näher heranarbeiten und Ihnen plötzlich über die Schulter sehen.

Wollen Sie ihm Gehorsam beibringen, müssen Sie immer die gleichen Kommandos verwenden: „Sitz! Platz! Aus! Stopp! Nein! Komm!" usw. Wenn Sie zwischendurch sagen: „Setz dich hin!" oder „Leg dich hin!" weiß er nicht, was er tun soll. Haben Sie ein Kommando gegeben, bestehen Sie auch darauf, daß er es ausführt. Üben Sie so lange, bis es klappt. Dann loben Sie ihn ausgiebig. Ein kleiner Leckerbissen fördert die Freude am Lernen. Es ist empfehlenswert, sich einem örtlichen Hundesportverein anzuschließen und die Erziehung in der Gruppe unter fachlicher Anleitung durchzuführen. Wobei man, wie gesagt, davon ausgehen muß, daß man einen „Nordischen" nicht dressieren kann wie z.B. einen Schäferhund. Er würde zum Duckmäuser und damit unberechenbar.

Strenge gegenüber dem Hund fällt uns sicher allen schwer, denn unsere Schlittenhunde sind nun mal außergewöhnlich lieb und schön. Trotzdem gilt, daß nur ein richtig erzogener Hund ungetrübte Freude macht. Und was Hänschen nicht lernt . . .

Wird Ihr Husky übermütig, kommt ständig auf dumme Gedanken und heckt immer wieder neue Streiche aus, ist das ein Zeichen dafür, daß er nicht ausgelastet ist. Das heißt für Sie, täglich $^1/_2$ bis 1 Stunde oder auch länger radfahren, nach Möglichkeit nicht auf Asphaltwegen. Ihrem Hund geht die Puste dabei bestimmt nicht aus. Der Husky ist ein „Arbeitstier", er will laufen und ziehen. Beim Langlauf im Winter ist er geradezu der ideale Begleiter. Er freut sich, wenn er Sie ziehen darf. Sie sollten dann allerdings ein geübter Langläufer sein. Aber wehe, er erspäht plötzlich einen Hasen, der über den Weg hoppelt, oder eine Maus. Dann geht die Post ab! Querfeldein, versteht sich.

3. Kosten der Hundehaltung

Welchen Preis Sie für einen Schlittenhund ausgeben müssen, kann hier nicht genau vorhergesagt werden. Der Kaufpreis hängt einfach von zu vielen Kriterien ab. So spielt es z. B. eine Rolle, wie bekannt ein Züchter ist, welche Linie er züchtet, welche Erfolge er mit seinen Hunden erreicht hat, usw. Auf jeden Fall dürfte der Preis für einen Welpen irgendwo zwischen 500,– und 2 000,– DM liegen, also nicht höher als bei jedem anderen Rassehund.

Eine einfache Leine aus Flachband und ein Halsband kosten ca. 20,– DM, Futter- und Wassernapf aus Edelstahl jeweils ca. 30,– DM. Von Futternäpfen aus Kunststoff rate ich ab, da abgebissene und verschluckte Plastikteile für Ihren Hund gefährlich werden können.

Halten Sie den Hund im Haus, brauchen Sie einen großen Korb, dessen Preis irgendwo zwischen 100,– und 200,– DM liegt. Dazu kommt noch die Matratze.

Wenn Sie Zwingerhaltung anstreben, liegen die Kosten für eine selbstgebaute Hütte bei 100,– DM. Wenn Sie eine fertige Hütte kaufen, sind nach oben fast keine Grenzen gesetzt. Eine Schlafdecke muß nicht unbedingt sein. Er würde sie vermutlich ohnehin hinauswerfen. Dann kommen natürlich die Kosten für den Zwinger selbst. Hier Preise zu nennen, ist fast unmöglich, da die Kosten für Holz, Zaun, Beton usw. regional sehr unterschiedlich sind. Es verteuert die Sache jedenfalls erheblich, wenn Sie einen Unternehmer mit den Arbeiten beauftragen. Möglicherweise benötigen Sie auch für den Bau eines Zwingers eine Genehmigung Ihrer Baubehörde. Das sollten Sie vor Baubeginn klären.

Laufende Kosten der Hundehaltung das Jahr über

Die Futterkosten sind relativ gering. Der Sack Futter mit 20 kg kostet, wie schon erwähnt, 50,– bis 70,– DM. Mit einem Sack je Hund kommen Sie gute zwei Monate aus. Das wären dann also 25,– bis 35,– DM im Monat.

Die Höhe der Hundesteuer wird von jeder Gemeinde selbst festgelegt. Sie kann zwischen 40,– und 150,– DM je Hund betragen.

Unbedingt erforderlich ist eine Hundehaftpflichtversicherung. Entweder kann Ihre Familienhaftpflicht erweitert werden, oder Sie schließen eine gesonderte Versicherung ab. Sie muß weltweit gelten, auch für Unfälle beim Training mit Schlitten und Wagen. Die Deckungssumme sollte mindestens 1 Mio. betragen. Die Prämie für einen Hund beträgt ca. 100,– DM im Jahr. Zwingersteuer und -versicherung sind in Betracht zu ziehen, wenn Sie zwei und mehr Hunde halten und züchten wollen. Die Kosten sind dann um etwa 50 % höher. Auskunft erhalten Sie beim örtlichen Steueramt und bei den Versicherungen.

Kosten fallen auch an für regelmäßige Impfungen, und zwar einmal jährlich gegen Tollwut, Parvovirose (Katzenseuche), Zwingerhusten und Leptospirose, alle zwei Jahre gegen Staupe und Hapatitis. Die Kosten je Impfung betragen zwischen 60,– und 100,– DM. Wenn Sie Ihren Husky mit in den Urlaub nehmen wollen, haben Sie die Bestimmungen des jeweiligen Landes zu beachten, wie alt die Impfungen sein dürfen.

Das regelmäßige Entwurmen schlägt mit ca. 2,– bis 3,– DM je 10 kg Hund zu Buche.

Ist der Hund etwa zwei Jahre alt, sollte die Hüftgelenksdysplasie-Röntgenuntersuchung gemacht werden. Bei Schlittenhunden tritt die HD (Abflachung der Gelenkpfanne sowie eine Gestalts- und Lageveränderung des Gelenkkopfes; der Gelenkkopf wandert aus der Pfanne) vergleichsweise selten auf. Stärker betroffen sind die großen und schweren Rassen wie Bernhardiner, Berner Sennenhund, Schäferhund, Rottweiler, Boxer usw.

Da beim Schlittenhund die Hüftgelenke sehr stark beansprucht werden, sollte man zur eigenen Sicherheit und im Interesse des Hundes diese Röntgenaufnahmen durchführen lassen. Dies erfolgt in der Regel unter Vollnarkose. Sollte sich herausstellen, daß Ihr Hund HD hat, sollten Sie darauf verzichten, ihn vor den Schlitten zu spannen. Er würde unter Schmerzen leiden und keine Leistung bringen. Die Kosten für eine solche HD-Aufnahme betragen ca. 100,– DM. Für die Zucht ist bei beiden Zuchtpartnern die Auswertung dieser Aufnahme zwingend vorgeschrieben. Huskies, die an HD leiden, werden zur Zucht nicht zugelassen.

4. Tierschutz und Schlittenhundesport

Für den Tierschutz ist der Schlittenhundesport kein Thema. Jeder Tierfreund, der sich mit Schlittenhunden befaßt, wird feststellen, daß Schlitten- oder Wagenziehen und ähnlich gelagerte „Arbeit" zur artgerechten Haltung von Schlittenhunden gehören. Die Hunde sind, wenn sie in den Wintermonaten trainiert wurden, sogar ausgeglichener und zufriedener. Sie brauchen diese Art von Arbeit. Wer diese Aussage bezweifelt, sollte sich einmal selbst die Mühe machen und den Start zu einem Rennen beobachten. Da kann er den Hunden die Vorfreude auf das Rennen direkt ansehen. Schließlich sind Schlittenhunde seit Jahrhunderten für ihre spezielle Tätigkeit gezüchtet worden.

Ich mußte mich wiederholt gegen unqualifizierte Angriffe wohlmeinender, aber ahnungsloser Tierfreunde wehren. Mein Bemühen, durch Fakten aufklärend zu wirken, war nicht immer erfolgreich. Menschen, die sich einmal eine negative Meinung von etwas gebildet haben, sind leider oft kaum noch von ihrem Standpunkt abzubringen. Auch wenn Sie gute Argumente haben. Trotzdem helfen nur Fachkenntnisse und sachliche Argumentation.

Ein Fall für den Tierschutz ist auf jeden Fall der Gebrauch einer Peitsche, um die Hunde damit zu schlagen und im Rennen so zu größerem Tempo zu zwingen. Was im Überlebenskampf von Mensch und Tier unter arktischen und subarktischen Bedingungen notwendig sein kann, ist es beim Sport, der ja nicht dem Überleben, sondern dem Vergnügen dient, ganz gewiß nicht. Musher, die während eines Rennens ihre Hunde mit der Peitsche schlagen, werden deshalb sofort disqualifiziert und u. U. für die nächsten Rennen gesperrt.

Auch müssen kranke oder verletzte Hunde sofort aus dem Gespann genommen werden und im Packsack ins Ziel transportiert werden, um dann sofort ärztlich versorgt zu werden.

Fünfte Story

Aus Schaden wird man klug

Auf der Schwäbischen Alb, die sozusagen vor unserer Haustüre liegt, können wir manchmal bis ins Frühjahr hinein im Schnee trainieren.

Eines Tages spannte mein Mann, der damals noch ein rechtes „Greenhorn" im Schlittenhundesport war, erstmals sechs Hunde vor den Schlitten. Wohl hundertmal hatten seine Musherkameraden ihm gepredigt: „Fahr' nie ohne Fangleine!" Wenn nämlich der Musher einmal unfreiwillig vom Schlitten „absteigen" muß, kann er dank der Fangleine sein Gespann trotzdem noch anhalten.

Aber, dachte mein toller Musher wohl, wer wird denn auf so einer läppischen Strecke gleich vom Schlitten fallen? Die Fangleine diente auf seinen Schlitten also nur der Dekoration. Mit dem Dreiergespann war ja bisher auch alles gut gegangen.

Wir waren also vier Gespanne, die zusammen trainierten. Einer nach dem anderen von uns wurde auf die Strecke geschickt. Als letzter mein Mann mit seinem Sechsergespann. Die drei Gespanne, die vor ihm losgezogen waren, kamen in der angemessenen Zeit auch nach und nach wieder zum Ausgangspunkt zurück. Nur mein „Greenhorn" nicht.

Wir warteten und warteten. Endlich, der Glühwein war uns bereits ausgegangen, kam er bei uns an. Es war ihm nichts Ungewöhnliches anzumerken. Auf unsere Frage, wo er denn so lange geblieben sei, meinte er gleichmütig, er sei einfach eine größere Runde gefahren. Wir gaben uns damit zufrieden. Erst viel später gestand er mir, warum er damals so lange weggeblieben war und seither auch immer die Fangleine benutzte.

Folgendes hatte sich abgespielt. Während seine Hunde in vollem Karacho die Strecke entlangjagten, sahen sie plötzlich rechter Hand in einiger Entfernung einen Feldhasen über den Acker hoppeln. Wie auf Kommando brach das Gespann augenblicklich nach rechts aus, während der überraschte Musher, dem Trägheitsgesetz folgend, die ursprüngliche Richtung beibehielt. Das konnte allerdings nicht gut gehen. Er sagte dem Schlitten also unfreiwillig „Good bye!" und fand sich fluchend im Schnee wieder, ohne die Fangleine in der Hand. Das Gespann verschwand indes

hinter dem nächsten Hügel. Er rappelte sich schnell wieder auf und rannte, den Spuren folgend, den Ausbrechern hinterher.

Der Hase hatte natürlich, in seinem Bestreben, der Hundemeute zu entkommen, Haken geschlagen. Und so ging es kreuz und quer durch die Pampa. Endlich fand mein Mann das Gespann, um den Stamm einer Kiefer gewickelt, wieder. Die Hunde hatten sich nicht entscheiden können, ob sie rechts oder links am Baum vorbeijagen sollten . . . Meister Lampe hatte ihnen sicher noch eine lange Nase gedreht, bevor er außer Sichtweite verschwunden war.

Der Vorfall hätte schlimmer ausgehen können, z. B., wenn ein fremder Hund den Huskies über den Weg gelaufen wäre . . .

Fazit: Jeder muß seine schlechten Erfahrungen selbst machen.

Kapitel 5:

Schlittenhundesport

1. Der Hund als Sportkamerad

Verwendung in den Schlittenklassen findet hauptsächlich der sog. Alaskan Husky, dies ist ein nordischer Schlittenhunde-Typ, rein auf Leistung gezüchtet. Das Aussehen ist unwichtig. In der Pulka-Klasse werden mehr und mehr Jagdhunde und auf Leistung gezüchtete Jagdhundmischlinge eingesetzt. Diese Hunde können sehr schnell rennen, in der Regel schneller als die Siberian Huskies. Wer sich also mit dem Ziel an Wettkämpfen teilzunehmen einen Schlittenhund anschaffen möchte, muß sich in jedem Fall bereits im Vorfeld Gedanken darüber machen:
1. Will ich einen ursprünglichen Schlittenhund, also z. B. einen Siberian Husky, gerade wegen seines Charakters und seiner Vielseitigkeit, von seiner attraktiven Erscheinung einmal abgesehen, dessen Nutzen ursprünglich nicht darin bestand, Rennen zu gewinnen, sondern den Jägern und Nomaden in arktischen Gebieten ein Überleben unter härtesten Bedingungen zu ermöglichen? Wenn Sie die erste Frage mit einem Ja beantworten können, suchen Sie eine wirklich echte und gute Beziehung zu Ihrem Hund.
2. Will ich Schlittenrennen fahren und auch gewinnen? In diesem Fall müssen Sie Ihr Vorgehen bereits zu Beginn sehr sorgfältig planen. Denn je nachdem in welcher Klasse Sie starten möchten, werden Sie 4, 6, 8 oder mehr Hunde halten müssen. Damit Ihre Hunde Leistung bringen, muß jeder Hund eine ausreichende Menge an Aufmerksamkeit, Zuwendung und Motivation erhalten; dies erfordert außerordentlich viel Zeit, die für andere Dinge fehlt.
Viele Musher können ihre Hunde nicht beim Haus halten, weil es Probleme mit den Nachbarn gäbe. Das heißt, die Hunde werden in

einem außerhalb des Ortes liegenden Zwinger gehalten. Trainiert und versorgt werden die Hunde morgens oder abends. Oft bleibt dann nicht mehr genügend Zeit für den einzelnen Hund, so daß die Leistung abfällt und der Hund ausgewechselt und abgegeben wird, weil er „nicht läuft".

„Gefühlsduselei", wird sich hier mancher sagen. Doch handelt es sich hierbei um eine grundsätzliche Einstellung gegenüber einem anderen Lebewesen; man sollte diese Fragen nicht einfach als überflüssig abtun.

Der DCNH, die AGSD wie auch der Siberian-Husky-Club führen Rennen durch, an denen ausschließlich rassereine Schlittenhunde teilnehmen dürfen. Alaskan Malamutes und Grönlandhunde sind in den letzten Jahren immer seltener bei Sprint-Rennen vertreten, weil sie dafür ganz einfach von ihrem Körperbau her zu schwer und zu langsam sind. Diese Hunderassen sind eher für „Longtrails" und Wanderungen mit und ohne Packtaschen geeignet.

Rennen mit ausschließlich rassereinen Schlittenhunden sind eine echte Alternative zu den offenen Rennen, um Vergleiche anzustellen, wie gut die Musher und ihre Gespanne trainiert sind, und um zu zeigen, daß ein Schlittenhundegespann nicht nur leistungsfähig, sondern auch schön sein kann.

2. Der Sport mit Schlittenhunden – viele Möglichkeiten das ganze Jahr hindurch

Vorab einen Appell an die Vernunft:
Wenn Sie als Zuschauer ein Schlittenhunderennen besuchen wollen, lassen Sie Ihren eigenen Hund besser zu Hause. Denn wenn Sie mit ihm über den „Stake-out-Platz" zur Rennstrecke gehen, könnte es durchaus passieren, daß ein Gespann plötzlich die Piste in Richtung Ihres Hundes verläßt. Und diese Hunde wollen dann mit Ihrem bestimmt nicht nur spielen.

Außerdem wollen Sie sich als interessierter Zuschauer während der Rennpausen auf dem Stake-out-Platz gewiß mit den Mushern unterhalten und sich deren Hunde näher ansehen. Wenn Sie dabei Ihren eigenen

Stake out und Übernachtungsplatz der Musher.

Stake out auf dem Long Trail.

Am Abend nach einer Etappe auf dem Long Trail werden zuerst die Hunde versorgt.

Lagernde Gespanne abends am Stake out.

Hund mit sich führen, werden Sie ziemlich sicher Ärger bekommen und sich die Unmutsäußerungen der Musher wegen Ihrer Gedankenlosigkeit anhören müssen.

Schlittenhunderennen werden wie z. B. Motorsportrennen auch in verschiedene Klassen eingeteilt. Im Motorsport geht es um PS (Pferdestärken), im Schlittenhundesport um HS (Hundestärken).

Am bekanntesten sind wohl die Sprintrennen über eine Distanz zwischen 8 und 20 km als Rundkurs. Die Rennstrecke wird dabei in der Regel außerhalb des Rennortes zum Teil über freies Gelände und zum Teil durch Wald geführt.

Klasseneinteilung

Die Klasseneinteilung wird nach Anzahl der Hunde vorgenommen:

a) **Pulka-Style-Klasse (Skandinavier)**

Der blauäugige „Löwe" mit seiner Pulka.

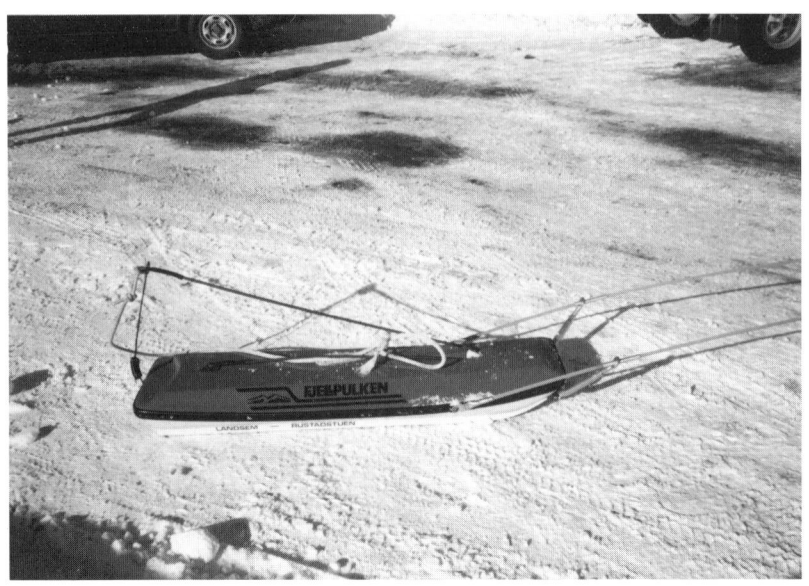

Winterpulka, wie sie von Profis häufig verwendet wird.

„Löwe" legt sich voll ins Geschirr.

Wettkampfszene
in der Pulka-Klasse.

1 bis 3 Hunde. Distanz 8 bis 12 km.

In dieser Klasse läuft der Hund, vor eine sogenannte Pulka gespannt, vorneweg. Die Pulka selbst ist beim Musher an einem Bauch- oder Brustgurt befestigt. Die Wettkämpfer müssen in der Pulka je Rüde 15 kg und je Hündin 10 kg mitführen. Der Musher selbst läuft die ganze Strecke auf Langlaufskiern hinter der Pulka. Es versteht sich von selbst, daß er ein guter Langläufer mit entsprechender Kondition sein muß.

Ein Jagdhund im Renngeschirr ist ein gewöhnungsbedürftiger Anblick.

Training in der schneefreien Zeit.

b) Die Schlittenklassen C, B, A und O

Nachstehende Klassen werden mit den Schlitten (ohne Gewichtslimit) gefahren:

Klasse C: bis 4 Hunde, Streckenlänge ca. 8 km.
Klasse B: bis 6 Hunde, Streckenlänge ca. 12 km.
Klasse A: bis 8 Hunde, Streckenlänge ca. 16 km.
Klasse O: offen,   Streckenlänge ca. 20 km.

Die Rennen finden in der Regel an zwei Tagen statt. Für die Wertung wird die Zeit von beiden Läufen zusammengezählt.

Klar, es geht auch mit zwei Hunden...

115

... aber mehr Spaß macht's mit dreien.

Bergauf heißt es kräftig „pedalen".

116

16 Alb-Romantik . . .

17 . . . und Abenteuerstimmung.

18   Ausrüstung eines „Big Musher's"!

19   Start zum „Iditarod" mitten in Anchorage.

20   Quer durch die Stadt geht das Rennen.

21   Die ersten Booties müssen ersetzt werden.

22　Nachtlager am Abend nach der ersten Etappe.

23　Zuerst werden die Hunde versorgt.

Mit dem Fünfergespann bergauf.

Full speed durch die Kurve mit 14 Huskies.

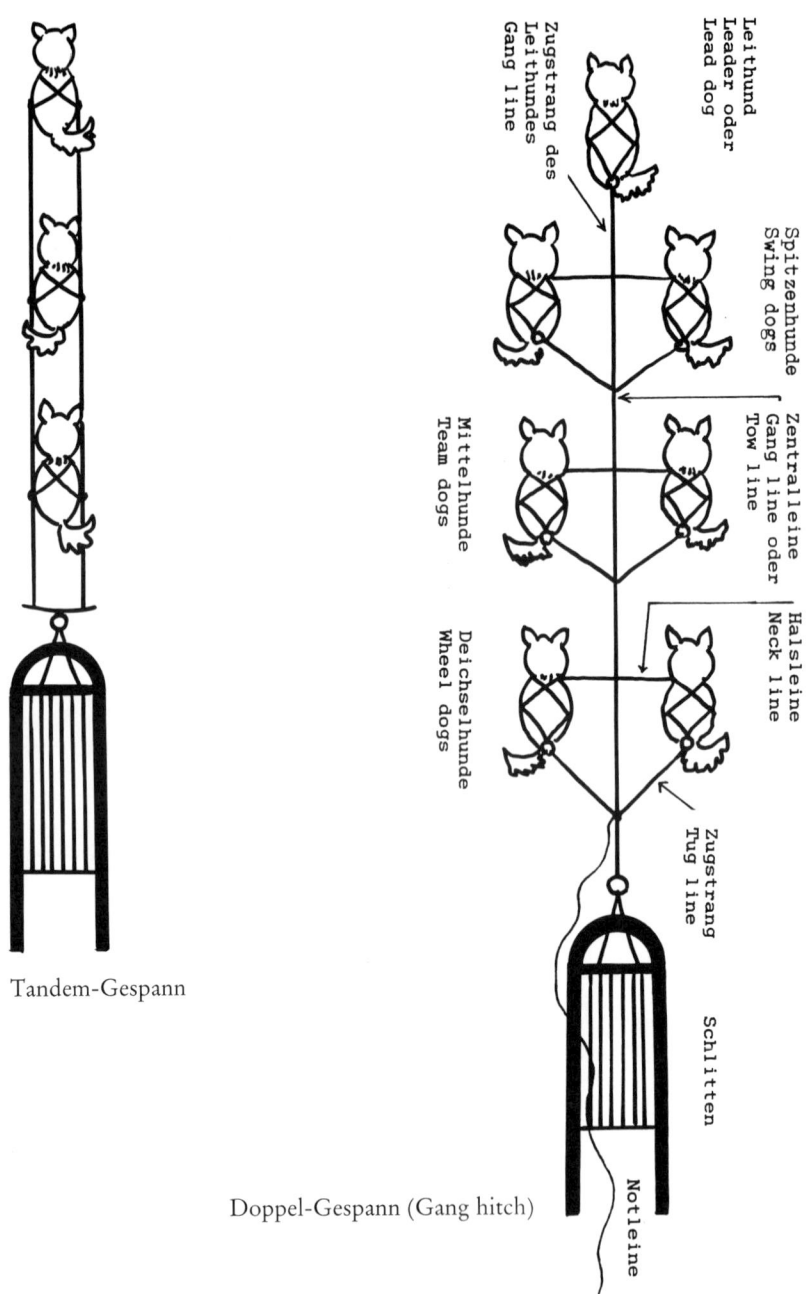

Tandem-Gespann

Leithund
Leader oder
Lead dog

Zugstrang des
Leithundes
Gang line

Spitzenhunde
Swing dogs

Zentralleine
Gang line oder
Tow line

Mittelhunde
Team dogs

Halsleine
Neck line

Deichselhunde
Wheel dogs

Zugstrang
Tug line

Schlitten

Notleine

Doppel-Gespann (Gang hitch)

118

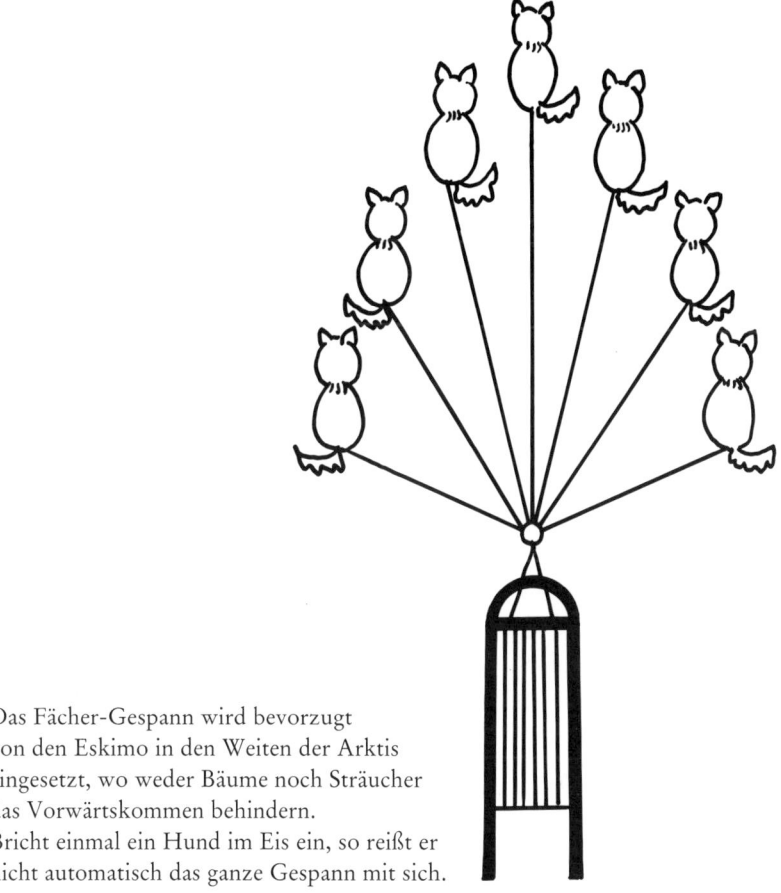

Das Fächer-Gespann wird bevorzugt
von den Eskimo in den Weiten der Arktis
eingesetzt, wo weder Bäume noch Sträucher
das Vorwärtskommen behindern.
Bricht einmal ein Hund im Eis ein, so reißt er
nicht automatisch das ganze Gespann mit sich.

Sollten Sie jemals selbst ein eigenes Gespann aufbauen wollen, hier
nochmals ein wichtiger Hinweis:

Feuern Sie Ihre Schlittenhunde auch im Training ausschließlich mit
Zurufen an. Ob Sie dabei internationale Kommandos wie how, gee, go
on und stop verwenden, oder deutsche Kommandorufe wie links, rechts,
voran und halt, bleibt Ihnen überlassen. Die Peitsche verbannen Sie
jedoch am besten ganz aus Ihrem Gedächtnis. Die Benutzung einer Peitsche führt beim Rennen zur sofortigen Disqualifikation, außerdem würden Sie massive Probleme mit dem Tierschutz bekommen.

Eingespannt, kurz vor dem Start.

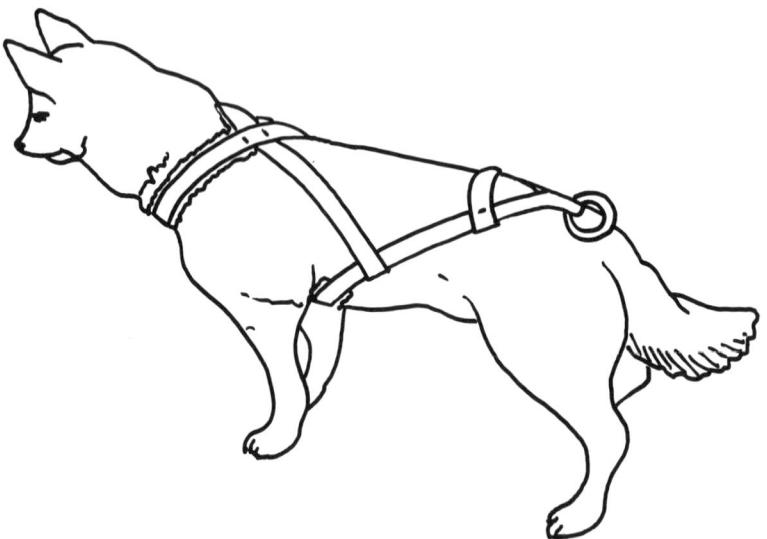

Fishback-Geschirr

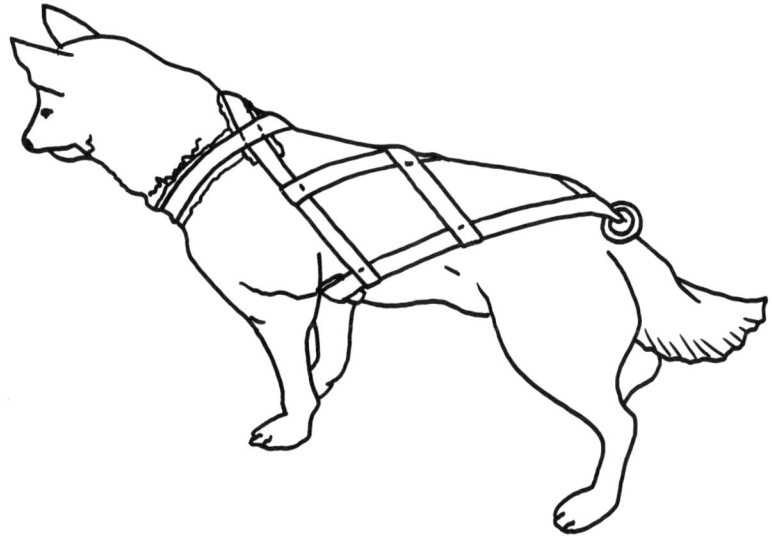

X-back-Geschirr

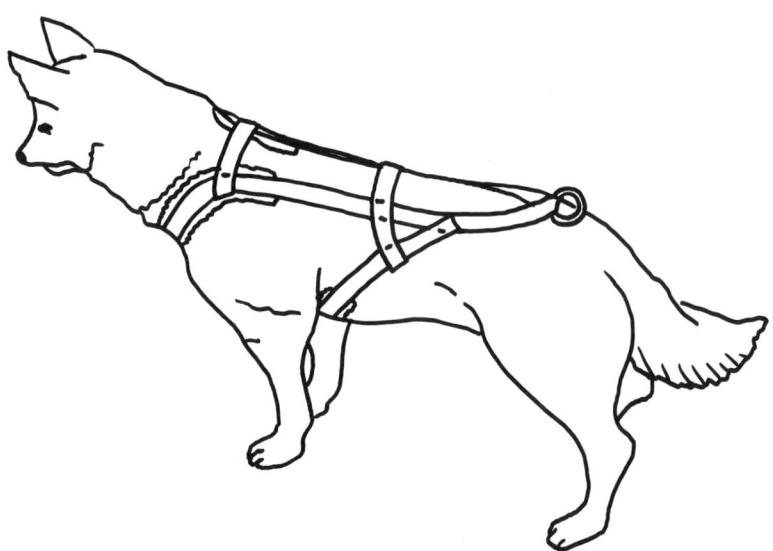

Siwash-Geschirr

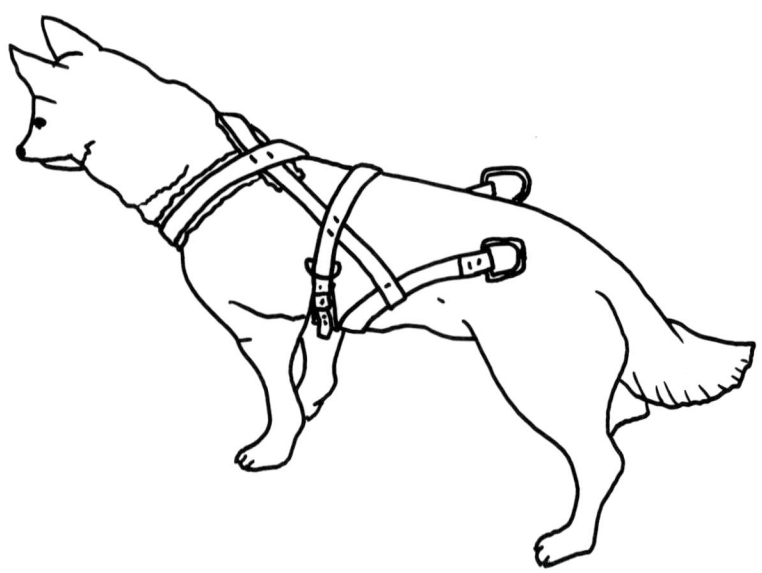

Pulka-Geschirr

c) Longtrail-Rennen

Longtrail-Rennen werden in der Regel an zwei Tagen über jeweils ab 100 km durchgeführt, wobei mit den Hunden und dem Gepäck im Freien (!) übernachtet wird.

Die weltweit bekanntesten Longtrails sind wohl das Iditarod und das Yukonquest in Alaska. In der Schweiz, Italien, Deutschland und Frankreich steht wohl das „Alpirod" an der Spitze. Diese Rennen dauern bis zu 14 Tage.

d) Mitteldistanz-Rennen

Die Mitteldistanzrennen werden ebenfalls über zwei Tage gefahren. Sie laufen in der Regel über einen Rundkurs von jeweils ca. 35–50 km.

Longtrails und Mitteldistanz-Rennen sind m.E. die artgerechtere Methode, Schlittenhunde im sportlichen Wettkampf einzusetzen.

Auf dem Iditarod: 3, 2, 1 – go!

Im Zentrum von Anchorage.

Erster „Schuhwechsel" kurz nach dem Start. Bis zur Ankunft in Nome werden hunderte von Booties verbraucht, die in der Regel selbst hergestellt werden.

Auf dem Trail.

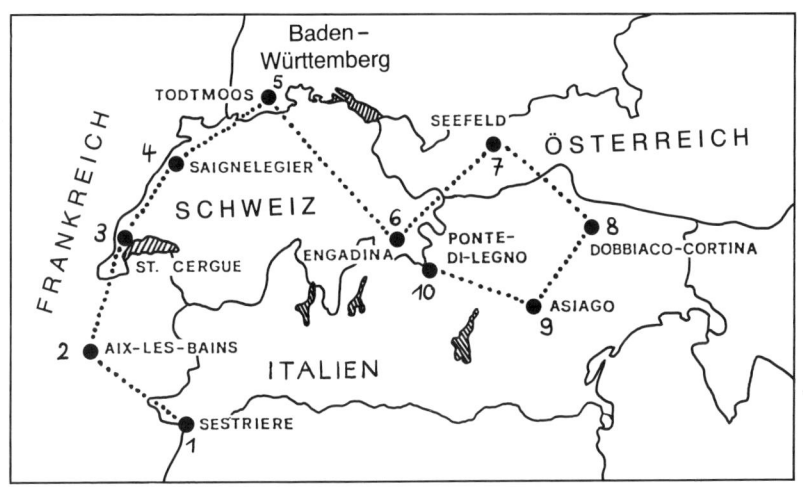

Die Strecke des Alpirod führt durch fünf Staaten.

Heini Winter mit 12 Alaskan Huskies beim Alpirod 1991.

125

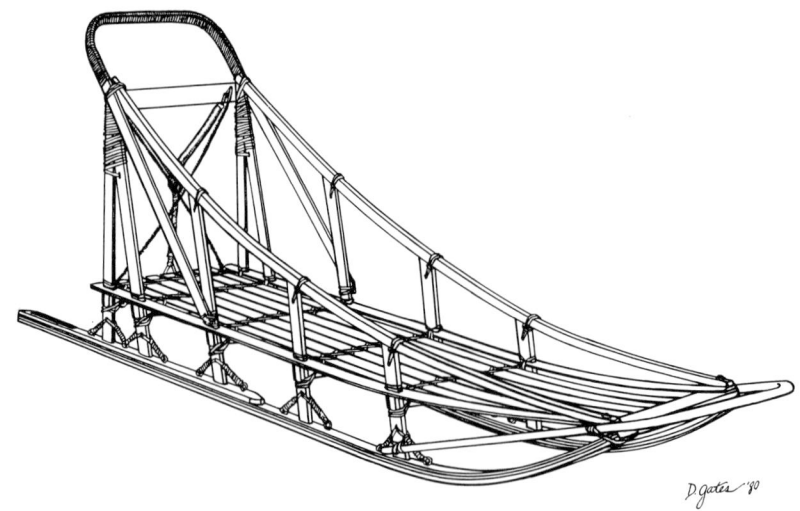

Longtrail-Schlitten aus Alaska für den Transport schwerer Lasten über rauhes Gelände. Für die Konstruktion wird das Holz der Birke, Eiche, Esche oder Hikkory verwendet. Die Einzelteile des Schlittens sind durch Rohhautriemen miteinander verbunden.

Vor dem Winter wird der Toboggan überprüft.

126

e) Lastenziehen

Das Lastenziehen muß an dieser Stelle ebenfalls erwähnt werden. Um in dieser Klasse Leistung zu bringen, muß der Hund natürlich ebenfalls trainiert werden. Er muß auf einer Strecke von ca. 2 000 m das zehnfache seines Eigengewichts ziehen. Auch hier entscheidet die Zeit.

f) Kinder-Rennen

Seit einigen Jahren werden verschiedentlich auch Rennen für Kinder ausgerichtet. In dieser Disziplin dürfen die „Kleinen" mit 1 bis 2 Hunden starten. Die Distanz beträgt 800 bis 2 000 m. Natürlich hat jedes Kind seine „Helfer".

So sollen Kinder bereits frühzeitig mit dem Schlittenhundesport und dem richtigen Umgang mit Schlittenhunden vertraut gemacht werden. Der Ehrgeiz der kleinen Musher (und der ihrer Eltern) wird wie bei den Erwachsenen mit einer Medaille oder mit einem Pokal und einer Urkunde belohnt.

g) Wandern mit dem Schlittenhund

Eine wunderschöne Sache das ganze Jahr hindurch, gerade auch mit Kindern, ist das Wandern mit dem Schlittenhund. Der Hund trägt dabei spezielle Packtaschen auf dem Rücken, in denen bis zu einem $1/3$ seines Körpergewichts an Proviant verstaut werden kann. Er gewöhnt sich rasch und willig an die Packtaschen und trägt sie gerne. Wenn ein See oder Bach in Sichtweite kommt, müssen Sie jedoch aufpassen. Schon mancher Hund nahm zusammen mit dem ganzen Proviant ein erfrischendes Bad. Sie sollten also auch bei diesem Einsatz Ihres Hundes ihn immer an der Leine führen. Am besten, Sie legen sich auf der Wanderung einen Bauch- oder Brustgurt an, dann haben Sie ihre Hände frei.

Sie werden feststellen, die Beziehung zu Ihren Schlittenhunden wird um vieles intensiver, wenn Sie später vielleicht einmal eine Wanderung mit Gepäck und dem Tiefschneeschlitten über mehrere Tage durchführen, z. B. in den Bergen von Hütte zu Hütte. Sie können dabei auch mit Zelt und Schlafsack campen, wenn Sie die nötige Härte für ein Winterbi-

Qunak entsprach wirklich in keinem Punkt dem Standard, wurde aber von allen heiß geliebt. Er war der ideale „Packdog".

Unterwegs mit Fahrrad und Hund.

Auf Wanderschaft mit Rucksack und Hund.

Verdiente Rast.

Familienwandertag

Winterwanderung auf der Schwäbischen Alb.

Abendstimmung auf der verschneiten Alb.

wak besitzen. Für Hunde ist es jedenfalls kein Problem. Länge und Dauer einer solchen Tour bestimmen Sie selbst. Anregungen für Strecken und Routen gibt es bei den Schlittenhundevereinen und deren Mitgliedern.

Wenn Sie sich eine leichte Strecke aussuchen, können Sie ggf. auch Ihre Kinder mitnehmen. Es wird auf jeden Fall ein unvergleichliches Erlebnis für alle sein.

h) Breitensport

Breitensport-Turniere gibt es noch nicht sehr lange. Sie werden meist nach den Regeln des DHV (Deutscher Hundesportverband e. V.) ausgeschrieben. Dabei gilt die „Turnierordnung für Breitensport mit dem Hund".
Folgende Disziplinen müssen auf einem Breitensport-Turnier absolviert werden:

1. Vierkampf mit dem Hund
   1.1 Gehorsamsübung
   1.2 Hürdenlauf
   1.3 Slalomlauf
   1.4 Hindernislauf

2. Geländelauf mit dem Hund
   2.1 Laufstrecke 2 000 m
   2.2 Laufstrecke 5 000 m

Mit Choy, einem Husky aus meinem letzten Wurf, haben wir das Experiment gewagt und zwei Erziehungskurse absolviert. Eine gute Bekannte war zweimal $1/2$ Jahr an jedem Wochenende mit ihm auf dem Platz und brachte mit einer Engelsgeduld unserem Vierbeiner ein paar Manieren bei. Viel Liebe, gute Worte und zahllose Leckerli waren nötig. Ganz ohne strenge Stimme ging es allerdings auch nicht. Aber es lohnte sich. Jetzt guckt Choy die Steaks auf dem Gartengrill nur noch sehnsüchtig an . . .
Bei der Abschlußprüfung belegte Choy zwar nur den letzten Platz, aber sinnlos war die Arbeit dennoch nicht.

3. Voraussetzungen für den Schlittenhunde-sport

Zeitaufwand

Schlittenhunde brauchen mehr Bewegung als andere Rassen. Das heißt für Sie, daß Sie sich ebenfalls mehr im Freien bewegen müssen, denn dreimal in der Woche sollten Sie schon mit Ihrem vierbeinigen Sportkameraden arbeiten. Bei wärmerem Wetter legen Sie halt kürzere Strecken zurück, bei kälterem Wetter längere. Wobei Sie das Training natürlich ausdehnen können, so lange wie es Ihre und die Kondition des Hundes zulassen. Das können 3, 5 oder 10 km sein.

Nehmen Sie die Angelegenheit aber bitte nicht so tierisch ernst, sondern betreiben Sie den Sport so, daß Mensch und Hund den Spaß daran nicht verlieren. Wenn einer von Ihnen mal seinen schlechten Tag hat, was solls. Morgen ist auch wieder ein Tag, und dann läuft alles prima.

Arbeitet Ihr Hund zu Ihrer Zufriedenheit, dann zeigen Sie es ihm auch. Loben und streicheln Sie ihn ausgiebig. Ein Leckerbissen zur Belohnung fördert seine Einsatzfreude ungemein.

Während des Trainings und auch während eines Rennens werden Ihre Hunde − und Sie selbst auch − mächtig Durst bekommen. Sie sollten jedoch durch Zurufe verhindern, daß die Hunde Schnee fressen. Es gibt Hunde, die reagieren darauf mit Durchfall. Die Malaise hält nicht lange an und ist ungefährlich, aber sie kostet in jedem Fall Zeit.

Um den Wasserhaushalt zu stabilisieren und Schneefressen zu verhindern, müssen die Hunde „gewässert" werden; das heißt, ungefähr 2 Stunden vor dem Lauf geben Sie in $1/2$ bis $3/4$ l Wasser etwas Rinderhack und/oder Trockenfutter als geschmacklichen Anreiz. Diese „Fleischbrühe" mögen sie sehr gern, und so nehmen sie die erforderliche Flüssigkeit gerne auf. Nach dem Rennen warten Sie $1/4$ bis $1/2$ Stunde und wässern nochmals. Das ist Erfahrungssache, die Sie im Laufe der Zeit selbst zu beurteilen lernen.

Welche Kosten entstehen durch die Teilnahme an Rennen?

Sollten Sie irgendwann einmal Rennambitionen hegen, wartet auf Sie ein reichhaltiges Angebot. Von Ende Oktober (Wagenrennen) bis Ende März des darauffolgenden Jahres findet fast jedes Wochenende ein Rennen statt. Dabei fällt jedesmal ein Startgeld in Höhe von ca. 30,– DM an.

Ab drei Hunden sollten Sie sich einen Hundetransporter anschaffen mit der entsprechenden Anzahl Boxen, in denen die Hunde einzeln untergebracht sind. So rempeln sie während der Fahrt nicht dauernd gegeneinander und es entsteht keine Beißerei. Wenn Sie eine größere Anzahl Hunde transportieren müssen, sind Sie evtl. aus Platzgründen gezwungen, die Boxen jeweils mit 2 Hunden zu belegen. Es empfiehlt sich dann, sofern man hat, immer 1 Rüden und 1 Hündin zusammenzusetzen. Sie können den Hänger auch selbst bauen. Sie brauchen dazu einen evtl. bereits vorhandenen Pkw-Anhänger, in den Sie aus Holz oder Wellengitter Boxen einbauen. Die Boxen sollten dabei nicht zu groß sein, damit die Hunde während der Fahrt nicht ständig hin und her rutschen. Der Deckel sollte aus wetterfestem Holz sein. Metall ist für den Bau dieser Boxen nicht zu empfehlen, denn wenn die Hunde an den gefrorenen

Transporter für vier Hunde.

Vorbereitung zum Start. Im Hintergrund ein Transporter für sechs Hunde.

Metallflächen schlecken, bleiben sie mit der Zunge daran kleben und verletzen sich bei dem Versuch, wieder loszukommen.

Sie können den Anhänger aber auch fertig kaufen. Er kostet je Box dann etwa 1 000,– DM. Für 8 Hunde müßten Sie also mit ca. 8 000,– DM rechnen.

Ein entsprechendes Zugfahrzeug ist für einen Anhänger auch erforderlich. Optimal wäre ein Allradfahrzeug, mit dem Sie auch im Winter jeden Rennort erreichen können. So wären Sie dann perfekt ausgerüstet. Nur, Geld darf dann keine Rolle spielen, was, wie bei anderen Leuten auch, wohl nur bei wenigen Schlittenhundefans der Fall ist.

Da die Anreise zu den Rennen in der Regel freitagabends erfolgt, werden auch zwangsläufig zwei Übernachtungen notwendig. Will gleich die ganze Familie an dem Ereignis teilnehmen, erhöhen sich die Kosten entsprechend. Neben Nahrung für Mensch und Tier sind auch noch Benzinkosten fällig. Der Sprung ins Profilager will also gut überlegt sein, denn er geht ins Geld.

Es gibt auch harte Burschen, die grundsätzlich allein zu den Rennen kommen und samt ihren Hunden im Caravan oder im Zelt schlafen. Aber das ist nicht jedermanns Sache.

4. Die Ausrüstung – Kauf oder Eigenbau?

Mit der Ausrüstung für den Schlittenhundesport verhält es sich wie bei anderen Sportarten auch, sie kann mehr oder weniger ausgebaut werden, insbesondere für einen Einzelhund. Für den brauchen Sie zunächst mal ein normales Halsband und eine einfache Leine. Das macht als Flachgewebeband-Ausführung etwa 20,– DM. Sie wollen mehr? Gut, dann käme als nächstes ein „Leibchen", also ein Renngeschirr für 30,– bis 40,– DM. Sie können natürlich auch eines für 50,– oder 60,– DM kaufen oder aber das ganze selber nähen.

Dann also ein robustes Fahrrad (Mountain-Bike). Ab etwa 700,– DM sind Sie dabei. Dazu brauchen Sie einen Brust- oder Bauchgurt aus dem Sportgeschäft (Bergsteiger-Ausrüstung) für ca. 100,– DM. Sinnvoll ist eine Flexileine, die nicht durchhängt, sondern sich auf- und abrollt, je nachdem, wie Sie oder der Hund das Tempo ändern.

So ausgerüstet können Sie das Jahr über, wenn es im Sommer zeitweise nicht gerade zu heiß ist, trainieren. Wenn Sie lieber joggen, gilt dasselbe. Ab zwei Hunden können Sie mit einem leichten dreirädrigen Trainingswagen (20 bis 30 kg) trainieren. Wenn Sie allerdings glauben, Sie selbst bräuchten nur auf dem Wagen zu stehen, täuschen Sie sich. Sie würden nicht weit kommen. Denn die Hunde wollen, daß Sie „mitarbeiten". Und das heißt auch für Sie: fleißig „pedalen". Anders verhält sich dies bei größeren Gespannen. Dazu würde ich jedoch empfehlen, daß Sie sich spezielle Literatur zum Training mit Schlittenhunden beschaffen, denn dieses Thema füllt ein ganzes Buch!

Einen Trainingswagen können Sie kaufen oder, wenn Sie entsprechende Kenntnisse besitzen, selbst bauen. Ein Eigenbau kommt natürlich wesentlich günstiger; allerdings muß Ihnen klar sein, daß ein solcher Trainingswagen ein Hochleistungssportgerät ist, das enormen Belastungen ausgesetzt wird. Lenkung, Räder, Reifen, Bremsen, Fahrgestell usw. werden mitunter extrem strapaziert und müssen entsprechend stabil sein. Falls Sie sich zum Eigenbau entschließen sollten, machen Sie es am besten so, wie es Ihnen nach Konstruktion, Sicherheit und Gewicht am sinnvollsten erscheint.

Beim Kauf eines Wagens müssen Sie mit 2000,– bis 3500,– DM rechnen. Dieser Wagen hat dann vier Räder und ist mit 50 kg Gewicht auch relativ schwer. Ein dreirädriger Wagen der Marke Eigenbau kommt dagegen nur auf 500,– bis 800,– DM Materialkosten.

Trainingswagen mit drei Rädern. Bauanleitung s. Zeichnung.

Vor einen stabil gebauten 3rädrigen Wagen (s. S. 137) können getrost
bis zu 6 Hunde vorgespannt werden. Der Wagen hat u. a. den Vorteil,
daß er 10 bis 20 kg leichter ist als der 4rädrige. Man kann ggf. den Vor-
derwagen leichter über Hindernisse heben und sofort weiterfahren. Der
Wagen kann bereits mit 2 Hunden gefahren werden. Auf einem ausge-
fahrenen Waldweg bleibt man oben und versinkt nicht mit allen 4 Rädern
in der Spur. Sofern er statisch richtig aufgebaut ist und sich das Gewicht
richtig verteilt, kann er auch bei eingeschlagener Lenkung nicht kippen.

Den 4rädrigen Wagen setzt man meist ab 4 und mehr Hunden ein; auf
der Sitzfläche vorn kann eine zweite Person oder auch Gewicht mitge-
führt werden, je nach Anzahl der Hunde. Er hat ein höheres Gewicht
und 4 gebremste Räder.

Bei genügend Schnee macht das Training natürlich noch viel mehr
Spaß. Da ein kleiner Schlitten aus Eschenholz nur etwa 7 kg wiegt, können Sie bereits mit zwei Hunden vor dem Schlitten trainieren. Aber auch
hier geht es Ihnen wie beim Training mit dem Wagen: Nur draufstehen
und ziehenlassen, das funktioniert nicht. Sie müssen Ihre Beine häufig
genug auch selbst bewegen. Auch beim Schlittentraining werden Sie bald
merken, mit mehr Hunden macht dieser Sport noch mehr Spaß.

Trainingswagen mit drei und vier Rädern.

Bauzeichnung für einen Trainingswagen: Nachbau auf eigene Gefahr):
Material: Hydraulikrohr nahtlos, ⌀ 22 mm, Wandung 2 mm. Materialverbrauch ca. 20 lfd. m. Zum Biegen wird das Rohr mit trockenem Quarzsand gefüllt und gut verdichtet (beide Enden fest verschließen). An den zu biegenden Stellen das Rohr mit dem Schweißbrenner glühend machen und um eine geeignete Form biegen. Danach langsam erkalten lassen.
Beleuchtung und Transportfläche (z. B. für einen Hund) werden je nach Bedarf angebracht.
Räder: Es eignen sich Motorradräder mit kleinem Durchmesser, z. B. Felgen 10″ mit Reifen 3.60 x 10″. Alle drei Räder sind seilzuggebremst; Vorderrad über Handbremse (feststellbar), Hinterräder über Fußbremse (parallel).
Lenkung: Abgeänderte Mopedgabel (mit gleichem Hydraulikrohr ergänzt) über zwei Spurstangen (⌀ 6 mm mit Kugelköpfen) zum Lenkhebel am Haltegriff. Lenkhebel nur einseitig.
Fußstandflächen links und rechts: Drahtwellengitter; z. B. mit aufgeschweißten Schrauben gegen abrutschen sichern.
Es ist ratsam, den Wagen mit Eisenfarbe zu streichen, um ihn gegen Rost zu schützen. Die Außenmaße des Wagens können, entsprechend den eigenen Vorstellungen, abgeändert werden. Man sollte jedoch darauf achten, daß der Wagen auch auf den eigenen Transportanhänger paßt.

a) Handbremse; b) Fußbremse; c) Lenkhebel; d) Spurstangen;
e) Fußstandflächen.

138

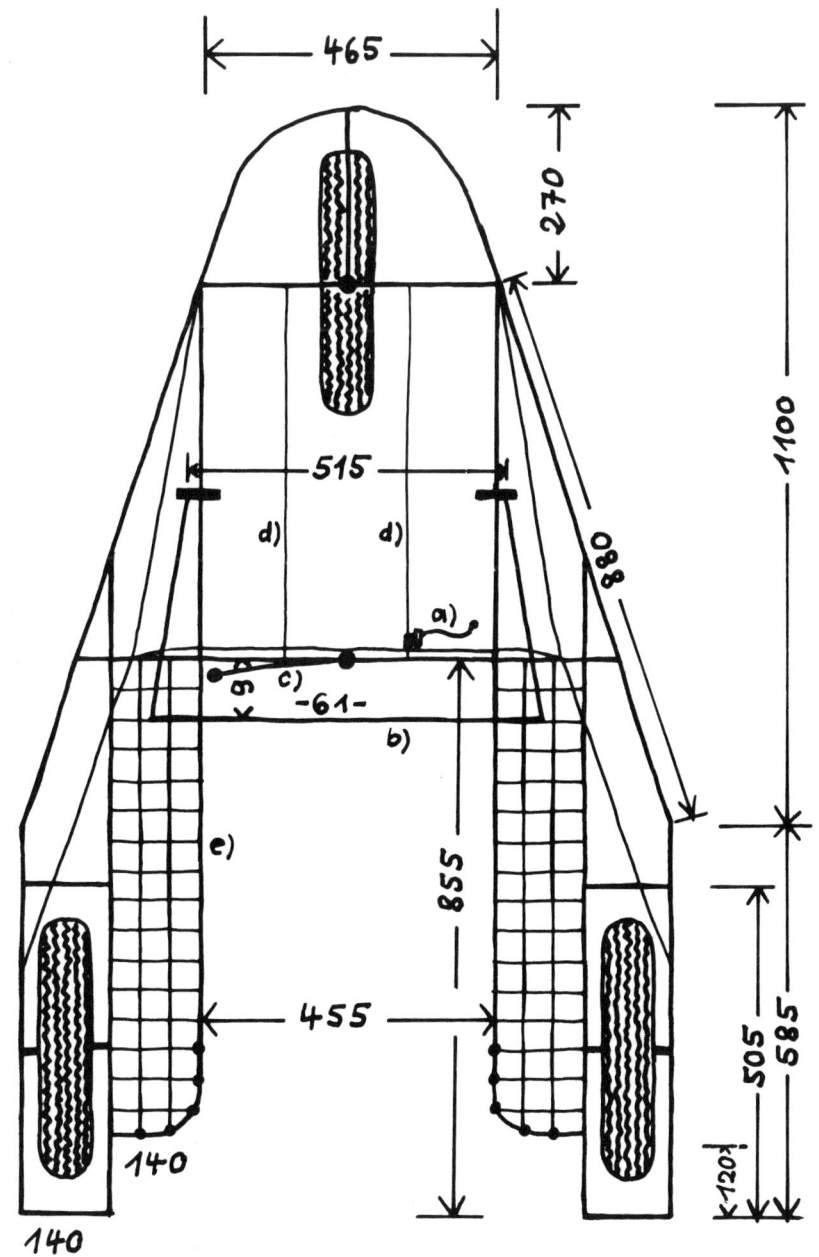

465

270

1100

515

d)   d)

880

a)

c)

f)

-61-

b)

e)

855

455

505

585

120

140

140

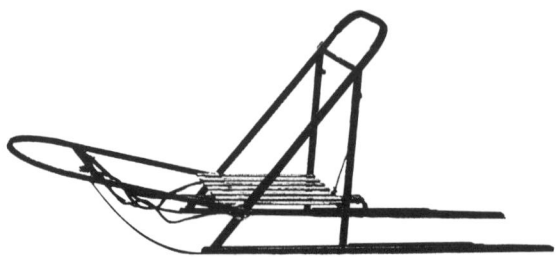

Kleiner Schlitten
für 2–4 Hunde.
Gewicht ca. 7–8 kg.

Die Renngeschirre für die Arbeit vor dem Hundeschlitten sind die gleichen wie vor dem Wagen. Das gilt auch für den Zugstrang. Ab mehreren Hunden kann man sich einen schwereren Tourenschlitten zulegen, der zwischen den Kufen einen geschlossenen Boden hat, damit er im Tiefschnee nicht einsinkt. Beim leichten Trainingsschlitten kann man das Einsinken in den Schnee verhindern, indem man unter die relativ schmalen Schlittenkufen breite Abfahrtsski montiert. Das können auch ein paar ganz gewöhnliche, billig auf dem Flohmarkt erstandene Ski sein. Die Ski müssen natürlich auch gewachst werden.

Wenn man sich nicht mehrere Schlitten zulegen möchte, kann man auch eine größere Zahl Hunde einspannen; es gibt inzwischen sogar Bremsmatten, mit denen man das Tempo beeinflussen kann.

Seit einiger Zeit sind auch Schlitten auf dem Markt, die völlig aus Kunststoff und Leichtmetall hergestellt und mit Wechselbelägen ausgestattet sind. Bei diesen kann der Kufenbelag mit ein paar Handgriffen schnell gewechselt und dadurch den Schneeverhältnissen angepaßt werden.

Von den Schlitten gibt es heutzutage eine sehr große Auswahl an Modellen. Angefangen von leichten Eschenholzschlitten für etwa 800,– DM bis zu den Rennschlitten für 2 000,– DM und darüber. Profis fahren zu einem Rennen nicht nur mit einem, sondern mit mehreren Schlitten, um sich den Schneeverhältnissen vor Ort besser anpassen zu können. Hier noch ein kleiner Tip: In den Klubzeitungen werden immer wieder gebrauchte Ausrüstungen sehr günstig angeboten.

Wenn Sie im Winter verschiedene Rennen besuchen, können Sie beobachten, daß es Musher gibt, die mit einem großen Fahrzeug, 20 bis 25 Hunden, vier bis fünf Schlitten auf dem Autodach und einem ganzen Troß von Helfern anreisen. Das sind die absoluten Profis, bei denen Geld keine Rolle spielt. Der „Otto Normalverbraucher" wird einen solchen Aufwand kaum betreiben können (und wollen) und dennoch seinen Spaß haben.

Sechste Story

Vom Welpen zum Schlittenhund –
Ein Siberian Husky erzählt

Vielleicht möchten Sie ja gerne einmal wissen, wie aus einem tapsigen Welpen im Laufe der Zeit so ein richtiger Schlittenhund wird. Hier also meine Geschichte, sozusagen vom Kindergarten bis bis zum Ende der Lehrzeit.

Bevor ich richtig loslege, darf ich noch erwähnen, falls Sie nichts dagegen haben, daß unsere Rasse in Deutschland und bei unseren Nachbarn durch die vielen Berichte in Zeitung und Fernsehen in den vergangenen Jahren immer bekannter wurde. Aber so richtig Bescheid über uns wissen dennoch die wenigsten Menschen.

Also, meine Vorfahren kamen ursprünglich aus Sibirien. Dort wurden sie als Arbeitshunde gehalten. Zu ihrem Job gehörte es, auf der Jagd die Schlitten mit Mann, Gepäck und Jagdbeute auch bei größter Kälte oft tagelang durch den tiefen Schnee zu ziehen. Oder sie zogen mit Holz beladene Schlitten durch die unwegsamen Wälder nach Hause. Das war echt kein Honiglecken.

Da hat es unsereiner unter den hiesigen Verhältnissen doch wesentlich leichter. Schließlich werden wir hier fast nur zur Freude unserer Besitzer gehalten.

Als ich an einem 1. April (kein Witz, ehrlich) geboren wurde, war mein weiterer Lebensweg bereits vorgezeichnet: Ich sollte ein richtiger Schlittenhund werden. Doch bis es so weit war, floß noch viel Wasser den Bach hinunter, der in der Nähe unseres Zwingers vorbeifließt. Zuerst mußte ich nämlich ordentlich wachsen und zunehmen. Das funktionierte auch einwandfrei dank der erstklassigen Versorgung durch meine Mutter, bei der zum Glück alle natürlichen Instinkte noch voll intakt sind, wie bei fast allen Huskies. Bei der Geburt wog ich bereits 550 g, vier Wochen später 3 kg und nach acht Wochen war ich schließlich so schwer und zappelig, daß ich ständig von der Waage kullerte. Da ich ohnehin sehr propper aussah, gab Frauchen es schließlich auf, mich zu wiegen.

Black Bandit, 10 Tage alt und noch blind.

Mit 12 Tagen waren meine Augen bereits offen, und jeder Besucher, der zu uns kam, fragte mein Herrchen: „Hat er auch blaue Augen? Huskies haben doch alle blaue Augen, oder?" Also ehrlich, bei solch blöden Fragen könnte mein Herrchen jedesmal ausrasten. Schließlich kommen bei uns Huskies braune Augen doch viel häufiger vor. Aber Blau ist halt gerade in Mode. Was soll's.

Als ich dann so richtig stramm auf den Beinen stehen konnte, durfte ich zum ersten Mal mit den Großen auf die Wiese zum Spielen. Mann, das war vielleicht herb. Die anderen haben mir gleich gezeigt, wo es langgeht. Vor allem, daß ein Schlittenhund hart im Nehmen sein muß. Jeder andere Welpe hätte sich bestimmt bald in eine Ecke verzogen und geschmollt. Aber ich nicht. Schließlich wollte ich ja mal Rudelführer werden. Also, auf zu neuem Angriff! Bautz! Wieder stellte mir einer ein Bein und ich landete auf der Schnauze. Das tat manchmal ganz schön weh.

Das kommende
Rennteam, gerade
mal 10 Tage alt.

Mit sieben Wochen konnte ich mich schon alleine ernähren. Frauchen
gab mir Babybrei und Welpenfutter und sonstige leckere Aufbaumittel-
chen. Ich erhielt meine eigene Futterschüssel und verteidigte diese auch
gegen die anderen.

Ein wunderschönes dichtes Fell hatte ich inzwischen auch, was Besucher zu der Frage veranlaßte: „Was macht Ihr mit den Hunden im Sommer?" Mein Herrchen beherrschte sich und antwortete trocken: „In den
Kühlschrank stellen, was sonst." Hier denkt doch kein Mensch daran,
daß es im Sommer auch in Sibirien verdammt heiß werden kann. Und
bereits meine Vorfahren mußten sich diesen Temperaturschwankungen
anpassen. Wir werfen im Sommer einfach unsere dichte Unterwolle ab
und haben dann nur noch die langen Grannenhaare. Im Winter schieben

wir dann die Unterwolle wieder nach. Diese ist sehr dicht, und durch das natürliche Haarfett können wir auch bei kaltem Wetter draußen ins Wasser springen, wenn sich die Gelegenheit bietet, ohne daß wir dabei einen Schnupfen bekommen.

Mit Spielen und Herumtoben, begleitet von Erziehungsmaßnahmen meiner Rudelgenossen, ging mein erster Sommer schnell vorbei. Der Herbst kam, und mein Herrchen fing an zu trainieren. Die Großen wußten schon, wie das Ganze ablief. Herrchen hatte einen Autoanhänger gebaut mit Boxen für jeden einzelnen von uns. Da alle begeisterte Autofahrer sind, bereitete es ihm keine Probleme, uns in den Anhänger zu verfrachten. Und ab ging die Post zum Trainingsplatz. Dort trafen wir uns dann mehr oder weniger regelmäßig mit den anderen Schlittenhunden und ihren Mushern, die in gleicher Absicht kamen. Denn die neue Rennsaison stand vor der Tür. Die Begrüßung unter uns Hunden war jedesmal aufs neue riesig und laut, denn wir kannten uns bald und vertrugen uns auch ganz gut. Es gab natürlich auch Ausnahmen, ganz wie bei den Menschen. Den einen kann man halt riechen, den anderen nicht. Und so versuchte man schon einmal, einem Rivalen zu zeigen, wer der Stärkere war. Herrchen und Frauchen behielten uns aber immer im Auge, denn solche Keilereien gingen selten ganz ohne Blessuren ab. Aufgeben gibt es bei uns nicht.

Bei den ersten Trainingstreffen durfte ich nur mit an die Stake out. Das ist eine lange stabile Kette, die in der Mitte und an den Enden mit drei oder mehr in die Erde getriebenen Eisenpfählen festgemacht wird. Davon weg führen einzelne Kettenstränge, an denen wir mittels Karabiner festgebunden werden. Die Kettenstränge sind dabei soweit auseinander, daß wir uns nicht gegenseitig ins Gehege kommen können.

Ich sollte also bei meinem ersten Mal die Atmosphäre schnuppern und vom Rennfieber angesteckt werden. Das funktionierte auch einwandfrei. Ich gebärdete mich an der Kette genauso wild und einsatzbereit wie die erwachsenen Hunde. Mitlaufen durfte ich natürlich dennoch nicht. Denn ich war noch zu jung, und die Anforderungen hätten meinem Knochenbau nur geschadet. Und wenn die Großen einen Jungen mit im Gespann haben, der noch zu langsam ist, machen sie ihm unmißverständlich klar, daß er sich anzustrengen und durchzuhalten hat. Wegen ihm laufen sie keinen Deut langsamer. Ich mußte also alleine zurückbleiben. Fragen Sie mich bitte nicht, wie ich geheult habe. Mein Frauchen hatte endlich Mitleid mit mir, und wir gingen zusammen spazieren.

Am Stake out beim Herbsttraining.

Dann kam mein erster Winter und Herrchen und Frauchen legten die Rennen fest, an denen wir teilnehmen wollten. Das ist immer sehr aufregend. Sie kommen dann ins Erzählen, schwärmen von früheren Rennund was dort alles passierte. „Weißt Du noch, als . . .?" Dabei werden die Geschichten immer weiter ausgeschmückt, die Erlebnisse immer farbiger und um bisher unbekannte Details ergänzt. Musherlatein eben, wenn Sie mich fragen. Trotzdem, ich hör den beiden gerne zu und stelle mir in Gedanken dabei vor, wie es wohl sein wird, wenn ich sie selbst einmal zu den Rennen begleiten darf.

Als ich dann tatsächlich das erste Mal mit zu einem Rennen durfte, war ich natürlich sehr aufgeregt. Die Großen wußten bereits Bescheid. Sie hörten das an den vertrauten Geräuschen: Der Anhänger wurde flottgemacht, der Schlitten aufgeladen, die ganze Ausrüstung zusammengetragen, überprüft und verstaut samt dem Futter für die Recken. Frauchen packte für drei Tage warme Kleidung ein, die Impfpässe, die Reiseapotheke usw. Mir war klar, daß Großes bevorstand. Ich stürzte mich voll in den Vorbereitungstrubel und stand allen ständig im Weg.

Aufbruch zum Rennen.

Freitagnachmittags hieß es endlich: „Ab in die Box!" Wir wurden alle im Anhänger verstaut, und ab ging die Post. Die Fahrt dauerte fast vier Stunden, bis wir endlich am Rennort eintrafen. Das war vielleicht ein Wiedersehen zwischen den alten Rennhasen. Nach der langen Sommerpause freuten sich alle, daß es endlich wieder losging. Und bis spät in die Nacht hinein saß man zusammen bei Bier und Wein und fachsimpelte. Wir Vierbeiner bekamen um 19 Uhr unser Fressen, das aus Trockenfutter, Fleisch oder Pansen bestand, jeder Musher hat da so seine eigenen Rezepte. Eine Stunde vor Mitternacht gab's nochmals einen kurzen Spaziergang und dann war Ruhe in der Box. Jedenfalls so lange, bis einer plötzlich anfing, den hellen Mond anzuheulen. Freudig stimmten wir anderen sofort mit ein. Es herrschte eine tolle Stimmung.

Herrchen und Frauchen schliefen in einer Pension, und ihre Kollegen, die im Wohnwagen oder Zelt hausten, paßten währenddessen auf uns ein bißchen mit auf.

Am anderen Morgen gegen sieben Uhr gings bereits raus zur Stake out. Herrchen besorgte sich nach dem Frühstück noch seine Startnum-

Fütterung der „Raubtiere".

Ungeduldiges Warten auf den Einsatz.

Ein abgekämpftes Team.

In Voller Fahrt dem Ziel entgegen.

24   „High Speed!"

25   Tempo ist keine Hexerei, sondern harte Arbeit.

26   Wer würde hier nicht gerne selbst auf dem Schlitten stehen?

27   Mit drei Hunden in vollem Tempo durch die Kurve.

28   Fächer-Gespanne auf Grönland.

29   „Ein Wintermärchen"

„Dog-Power"

mer und die Startliste, um sich und uns rechtzeitig für das Rennen vorbe-
reiten zu können. Für uns entfiel das Frühstück, denn wir fressen nur
einmal am Tag, und das abends. So müssen wir nicht mit vollem Magen
laufen.

Zuerst starteten die „Sportler in der Pulka-Style-Klasse". In unserem
Fall ist das ein Mensch, der auf Langlaufskiern einer Pulka folgt, die von
ein oder zwei Hunden gezogen wird und je nach Anzahl der Hunde noch
mit Gewicht beladen ist. Die laufen dann eine Strecke zwischen 10 und
12 km.

Und wo bitte ist unsere Siegesprämie?

Anschließend kamen die kleinen Schlittengespanne mit bis zu drei Hunden, gefolgt von den großen mit sechs und von den ganz großen mit zehn, zwölf und mehr Hunden. Bei den großen Gespannen war natürlich was los. Die Musher allein schafften das gar nicht. Sie hatten ihre Helfer, die ihnen die Hunde einspannten und zum Start brachten. Das kostete einige Mühe, denn als richtige Arbeitshunde haben wir ordentlich Kraft.

Bei einem solchen Rennen sind nicht selten über hundert Gespanne am Start.

Am Abend fand dann in der Gemeindehalle der Musherabend statt, zu dem die Gemeinde und der Verein geladen hatten. Wir Hunde blieben allerdings im Lager an der frischen Luft. Den Rauch und den Lärm mögen wir nicht besonders.

Sonntagfrüh fand dann der zweite Lauf statt. Gestartet wurde entsprechend dem Ergebnis vom Vortag. Nachmittags war Siegerehrung. Meine beiden Menschen gingen mal wieder leer aus. Das tat ihrer Freude aber keinen Abbruch. Dabei sein ist alles. Das gilt für Mensch und Hund. Anschließend wurde alles zusammengepackt, und ab ging's nach Hause.

Solche Wochenenden finden wir einfach toll. Hier werden wir unsere überschüssige Kraft los und genießen es, im Mittelpunkt zu stehen. Von den Zuschauern werden wir bewundert, weil wir so schön sind und weil sie uns ohne Angst streicheln und kraulen dürfen, wenn sie Herrchen vorher um Erlaubnis gefragt haben. Man kann uns die Freude richtig ansehen, wenn wir eingespannt werden. Manche Leute sind ja zuerst skeptisch, sprechen gar von Tierquälerei. Aber wenn sie dann sehen, wie gerne wir uns das Zuggeschirr anlegen lassen und mit welcher Einsatzfreude wir den Schlitten ziehen, verflüchtigen sich solche Vorurteile schnell.

Als ich im darauffolgenden Herbst 1½ Jahre alt war, durfte ich endlich auch mittrainieren. Zuerst war das gar nicht so einfach, weil ich die Kommandos noch nicht kannte, obwohl ich anfangs schon ein paar Mal nebenher mitgelaufen war. Wenn Herrchen „how" (für links) und „gee" (für rechts) oder „go on" (voran) rief, wußte ich nichts damit anzufangen. Doch wozu gibt es denn einen Leithund. Bei uns wird diese Rolle von meiner Mama wahrgenommen. Die hat den vollen Durchblick und weiß genau, was Herrchen will. Ja, oft braucht er nicht einmal ein Kommando zu geben, und sie führt das Gespann trotzdem auf den richtigen Weg.

Die Autorin als Helferin beim Training.

Ich wurde mittendrin eingespannt, und mein Papa lehrte mich die Kommandos. Wenn ich etwas falsch machte oder nur mitlief und nicht richtig zog, verwarnte er mich mit einem kurzen Ton und schnappte zu mir rüber. Da lernte ich schnell, was ich zu tun hatte, und legte mich voll ins Zeug.

Wenn allerdings mal ein Hase unverhofft unseren Weg kreuzt, vergißt auch meine Mutter die gute Schule. Dann geht es querfeldein hinterher, und Herrchen bleibt zurück, wenn er nicht aufgepaßt hat. Meist endet die tolle Jagd an irgendeinem Baum, weil wir uns mal wieder nicht entscheiden können, ob wir links oder rechts daran vorbei sollen. Oft kommt das allerdings nicht vor, weil Herrchen meistens die Gefahr rechtzeitig wittert.

Manchmal haben wir auch das „Glück", daß sich an der Stake out-Kette ein Karabiner löst, und so der Weg zu einem kleinen Ausflug frei wird. Das wird natürlich sofort ausgenützt. Die anderen machen Herrchen dann mit ihrem Geheul auf den Ausreißer aufmerksam. Wenn Pfeifen und Rufen nichts hilft, der gute alte „Autotrick" wirkt bestimmt. Denn wer will schon alleine zurückgelassen werden.

Nachdem ich bereits den zweiten Herbst hinter mir hatte und nun ausreichend durchtrainiert war, durfte ich von da an immer mitlaufen. Versuchsweise spannte Herrchen mich zwischendurch auch mal neben Mama ein, um zu testen, wie die anderen wohl reagierten. Aber keiner hatte was dagegen. Offensichtlich waren alle damit einverstanden. Und wenn Mama einmal zu alt wird, um vorne zu laufen, werde ich wohl ihre Rolle als Leithund übernehmen. Aber das dauert noch ein paar Jahre. Ein wirklich sicherer Leithund werde ich erst mit drei, vier Jahren sein.

Beim ersten Wagenrennen, als Auftakt zur neuen Rennsaison, durfte ich dann erstmals alleine voneweg laufen. Die Wagenrennen finden ja bereits im Spätherbst statt, und die Strecke ist nicht so lang wie bei den Schlittenrennen. Das ist eine gute Gelegenheit, um zu testen, wie gut man selbst in den zurückliegenden Wochen trainiert hat, und wie fit die Konkurrenz ist.

Übrigens, ich bin ja nicht als Einzelkind zur Welt gekommen, wir waren gleich ein ganzes Team. Inzwischen hat meine kleine freche Schwester schon selbst wieder Nachwuchs bekommen. Und so werde ich wohl als guter Onkel eines Tages sicher den einen oder anderen von diesen kleinen Tölpeln in den Schlittenhundeberuf einweisen. Doch bis dahin dauert es noch eine Weile.

5. Die Praxis des Schlittenhundesports

Die Ausbildung zum Schlittenhund

Mit der Ausbildung Ihres Hundes zum aktiven Schlittenhund sollten Sie so früh wie möglich beginnen. Das heißt, von Anfang an sollte der Welpe so lange und so schnell laufen, wie er von sich aus kann und will. Sie müssen nur darauf achten, daß Sie ihn nicht überfordern, denn sonst besteht die Gefahr, daß Sie ihm die Lust am Laufen verderben. Bereits mit etwa sieben Monaten können Sie ihm sein erstes Zuggeschirr anlegen und ihn vor dem Fahrrad herrennen lassen. Er wird mit soviel Kraft und Ausdauer ziehen, wie es ihm Spaß macht. Nach weiteren zwei bis drei Monaten können Sie ihn ruhig etwas Gewichtziehen üben lassen, indem Sie an sein Geschirr einen Autoreifen binden (Abstand zwischen Hund und Reifen ca. 2 m). Dann nehmen Sie ihn an der Leine und spornen ihn zum Ziehen an. So bauen Sie langsam seine Muskeln auf. Distanz und Tempo werden, entsprechend der wachsenden Kondition und Ausdauer des Hundes, allmählich gesteigert. Im Alter von neun bis zehn Monaten können Sie ihn dann zum ersten Mal vor einen Schlitten oder Wagen spannen und langsam mit dem Training beginnen. Ab etwa einem Jahr dürfen die Hunde offiziell bei den Rennen mitlaufen. Wenn Sie von vornherein wissen, daß Sie bei einem Einzelhund bleiben, können Sie, anstatt einen Autoreifen zu benutzen, auch eine Pulka kaufen oder selber bauen. In die Pulka legen Sie aber anfangs noch kein Gewicht, später dann, wie beschrieben, beim Rüden 15 kg und bei einer Hündin 10 kg.

Sie fangen auch bereits im Welpenalter mit den Kommandos an: links (haw), rechts (gee), voran (go), stop und steh (s. im Anhang „Fachausdrücke"). Schlittenhunde sind außerordentlich intelligent und lernen die Kommandos sehr schnell.

Sommer- und Wintertraining

Trainieren sollten Sie in der kühleren Jahreszeit täglich, mindestens jedoch dreimal in der Woche; bei wärmeren Temperaturen weniger. Die Strecke sollten Sie dabei variabel wählen, angefangen von der Wegbeschaffenheit, Umgebung und Weglänge. Wenn Sie immer die gleiche Weglänge laufen, z. B. 5 km, kann es passieren, daß Ihr Hund bei einem Rennen u. U. nach 5 km langsamer wird, weil er es ja gewohnt ist, nach dieser Strecke bereits am Ziel zu sein. Hunde haben dafür ein Gespür.

Bei Asphaltbelag müssen Sie auf die Pfoten Rücksicht nehmen, damit sie nicht blutig gescheuert werden. Sie können dies verhindern, indem Sie beim Wagentraining mit mehreren Hunden Ihren Wagen nicht plötzlich stark abbremsen, und damit auch die Hunde, so daß sie mit den Pfoten über den Asphalt rutschen. Am liebsten laufen Hunde natürlich auf gewachsenem Boden. Sie sollten daher in Ihrer Gegend ständig nach neuen geeigneten Strecken Ausschau halten.

Sprechen Sie vor Aufnahme des Trainings mit Förstern, Jägern und der zuständigen Gemeindeverwaltung. Erklären Sie, daß Sie auf den befestigten Wegen fahren und nicht quer durch den Wald, und daß Sie nicht zu Zeiten fahren, in denen gejagt wird. Sie werden sehen, mit den meisten Leuten kann man reden. Wenn Sie dennoch auf Skepsis oder Ablehnung stoßen, bitten Sie darum, daß Sie wenigstens ein Probetraining durchführen dürfen. Oft klappt es dann doch, denn die Betroffenen möchten gefragt, aufgeklärt und informiert werden. Also suchen Sie rechtzeitig den Kontakt. Bieten Sie den Zuständigen auch an, doch einmal bei einem Training zuzusehen, um sich selbst ein Bild zu verschaffen.

Erfahrungsaustausch unter Mushern

Häufigkeit und Intensität des Erfahrungsaustauschs hängen weitgehend von Ihnen selbst ab. Auch mit nur einem Hund können Sie ja an Rennen teilnehmen und anschließend bei den Mushertreffen dabeisein. Es wird dabei über alles geredet, was irgendwie mit dem Schlittenhundesport zusammenhängt. Sie bekommen die unterschiedlichsten Ansichten und Meinungen zu allen möglichen Themen zu hören. Das Jahr über, wenn keine Rennen stattfinden, bleibt es Ihnen überlassen, mit welchen Musherkollegen Sie Kontakt halten oder neu aufnehmen und ggf. zusammentreffen wollen.

Von den Vereinen wird während des Sommers relativ wenig geboten. Bei uns gibt es z.B. im Frühling sog. „Schnuppertrainings" und Wanderungen, im Sommer dann das eine oder andere Grillfest und im September, als Auftakt zum Training für die neue Saison, nochmals ein Grillfest, das auch zwei Tage dauern kann. Diese Zusammenkünfte sind in der Regel gut besucht, jeder Teilnehmer steuert etwas zum Essen oder Trinken bei. Es werden auch Seminare zu den verschiedensten Themen angeboten wie Zucht, Ernährung, Breitensport usw.

6. Wettkämpfe

Rennen nur mit reinrassigen Schlittenhunden?

Schlittenhunderennen, die nur mit reinrassigen Schlittenhunden durchgeführt werden, sind inzwischen seltener geworden als offene Rennen. Der Trend zu den Alaskan Huskies vor dem Schlitten kommt aus Amerika bzw. aus Skandinavien und hat mittlerweile auch bei uns festen Fuß gefaßt. In die Rasse der Siberian Huskies wurden die verschiedensten Windhund- und Jagdhundrassen eingekreuzt. Während die Alaskan Huskies noch einigermaßen nordisch aussehen, muß man sich an den Jagdhundtyp vor dem Schlitten bzw. der Pulka erst noch gewöhnen. Auch daß manche von ihnen nach den Rennen sofort in ein Mäntelchen schlüpfen müssen, damit sie sich nicht erkälten, paßt meiner Meinung nach nicht so recht zu einem Schlittenhund.

Tierquälerei ist das Einspannen auch dieser Rassen vor den Schlitten keineswegs, denn auch sie fühlen sich bei dieser Arbeit wohl.

Vorbereitungen zur Teilnahme an Schlittenrennen

Rennen werden in der Regel international ausgeschrieben und in den Klubzeitschriften des DCNH und AGSD bekanntgegeben. Ferner gibt es eine Schlittenhundezeitschrift mit dem Namen „Schlittenhund", die, vereins- und rasseunabhängig, sämtliche Renntermine im In- und Ausland veröffentlicht.

Aus diesen Zeitschriften können Sie die vorgedruckten Rennanmeldungen heraustrennen. Sie enthalten jeweils alle Angaben, die für Sie wichtig sind: Renntermin, Startgeld, Klasseneinteilung, Rennreglement, Meldeschluß, evtl. Begrenzung der Teilnehmerzahl, erforderliche Papiere wie Haftpflichtversicherung und Impfpässe sowie die Anmeldeadresse. In der Regel ist auch eine Telefonnummer angegeben, durch die Sie zwei Tage vor dem Rennen Auskunft darüber erhalten können, ob das geplante Rennen auch tatsächlich stattfindet. Absagen und Terminverschiebungen wegen Schneemangel sind häufig.

Wenn Sie sich rechtzeitig schriftlich angemeldet und einen Scheck für die Startgebühr beigelegt haben, erhalten Sie Ihre Rennbestätigung mit allen erforderlichen Angaben über Zeit und Ort der Startnummernausgabe etc.

Die Anreise erfolgt in der Regel am Freitagnachmittag oder -abend, spätestens jedoch am Samstag frühmorgens. Die Siegerehrungen finden am Sonntag nach dem Rennen auf dem Platz statt, und je nach Teilnehmerzahl ist so um 15.00 Uhr dann allgemeiner Aufbruch.

Das Gespann der Autorin aus der Sicht ihres fünfjährigen Neffen Stephan.

156

Rennregeln

Die Rennregeln sind von Veranstalter zu Veranstalter verschieden, und jeder Rennteilnehmer muß sich rechtzeitig vor dem Start über die jeweils geltenden selbst informieren. Die Rennregeln legen genau fest, unter welchen Bedingungen und nach welchen Bestimmungen die Hundegespanne gegeneinander antreten. Ich möchte hier darauf verzichten, ein ganzes, mehrseitiges Rennreglement aufzuführen. Am besten, Sie lassen sich einmal die Rennordnung eines Schlittenhundeklubs zusenden. Im folgenden seien aber einmal die verschiedenen Punkte einer Rennordnung abgedruckt, um Ihnen eine Vorstellung davon zu geben, was im einzelnen für den Ablauf eines Rennens eine Rolle spielt:

Beispiel einer Rennordnung

Inhaltsverzeichnis

Disziplinarrichtlinien

Rennablauf

Am Rennort ist der Rennplatz ausgeschildert, ebenfalls ist angegeben, wo sich die Startnummernausgabe befindet. Die Stake-out-Plätze sind ebenfalls ausgeschildert und nach den Rennklassen S (Pulka-Style), C, B, A und O unterteilt. Meist können Sie dort auch Ihr Fahrzeug abstellen. Mit der Ausgabe der Startnummer erhalten Sie auch eine Teilnehmerliste, aus der Sie Ihre Startzeit am ersten Renntag entnehmen. Die Startzeit am zweiten Renntag richtet sich nach Ihrer Plazierung vom Vortag und wird ebenfalls rechtzeitig bekanntgegeben. Sie erfahren ferner, wo und wann am Samstag der Musherabend stattfindet.

Ihre Rennbekleidung wählen Sie nach Ihren persönlichen Bedürfnissen aus. Am besten Sie schauen sich einmal an, was die anderen Musher tragen.

Bei den Veranstaltungen werden meist von den örtlichen Vereinen Imbißstände oder -zelte nebst Sanitärboxen aufgestellt.

Essen und Futter für sich und Ihre(n) Hund(e) bringen Sie sowieso mit, sicherheitshalber auch Trinkwasser in einem Kanister, da bei niedrigen Temperaturen der Veranstalter nicht immer für fließendes Wasser sorgen kann. Auf den Rennen ist es von Vorteil, wenn Hunde an Trockenfütterung gewöhnt sind. Ein mit Wasser angerührtes Futter friert gern ein.

Auf dem Rennplatz wird auch ein Tierarzt anwesend sein, der die Impfpässe kontrolliert, ggf. auch die Hunde, und der bei Bedarf zur Verfügung steht.

Da Sie ja Ihre genaue Startzeit kennen, reicht es vollkommen, wenn Sie mit Ihrem Gespann wenige Minuten vor dem Start im Startbereich eintreffen. Sie vermeiden dadurch, daß sich die Hunde unnötig erregen. Es gibt allerdings auch Gespanne, die stehen absolut diszipliniert am Start. Das ist nicht nur Temperaments- sondern auch Erziehungssache. Kurz vor dem Rennen sollten die Hunde auch genügend Flüssigkeit zu trinken bekommen, damit sie unterwegs keinen Schnee fressen.

Die Rennstrecke selbst ist gut ausgeschildert, Sie können den Rundkurs kaum verfehlen (Rotes Schild rechts: „Bei nächster Möglichkeit rechs abbiegen." Rotes Schild links: „Bei nächster Möglichkeit links abbiegen." Blaues Schild: „Sie sind auf dem richtigen Trail."). Wenn Sie jedoch glauben, Sie bräuchten nur mal schnell den Kurs abzufahren, und das wär's dann, täuschen Sie sich. Da sind Berg- und Talfahrten eingebaut, die Mensch und Hund fordern. Bergab rasen die Hunde und bergauf dürfen Sie schieben und selber rennen. Und geht's mal rechts ab über eine Brücke, passen Sie auf, daß Sie nicht hängen bleiben. Uns sind während des Rennens auch schon Langläufer begegnet, die freudig überrascht waren, unverhofft auf eine schöne Loipe zu stoßen. Die waren dann recht erbost, wenn ihnen plötzlich Hundegespanne entgegenkamen. Auch Reiter abseits des Kurses können die Hunde irritieren; gut, wenn sie dann kommandosicher sind. So mancher Musher ist auf dem Trail schon unfreiwillig auf Hasenjagd gegangen. Es dauerte dann halt etwas länger, bis er ins Ziel kam.

Sind Sie glücklich im Ziel angekommen, sollte Ihr Helfer vorneweg den Leithund an die Leine nehmen und so das Gespann zum Stake out-Platz führen. Da sich im Start- und Zielraum meist viele Zuschauer befinden, würden die Hunde vielleicht nicht weiterlaufen und es käme zu Verwicklungen mit den nachfolgenden Gespannen.

Lediglich in der Pulka-Klasse werden nach dem Rennen Gewichtskontrollen vorgenommen, in den übrigen Klassen sind keine Gewichte vorgeschrieben.

Nach dem Rennen werden die Hunde Durst haben, aber seien Sie vorsichtig und warten Sie mindestens eine viertel Stunde bis die Hunde sich beruhigt haben, dann können Sie ihnen Wasser geben. Ob Ihre Hunde anschließend lieber an der Stake out bleiben, oder ob sie in ihre Boxen wollen, müssen Sie herausfinden. Es empfiehlt sich, die Hunde – sobald sie sich ablegen wollen – in ihre mit Stroh ausgelegten Boxen zu verfrachten. Nach der Erhitzung durch das Rennen ist es sicher nicht gut, wenn sie zu lange im Schnee liegen. Aber das ist Ansichts- und Erfahrungssache. Wenn Sie die Hunde versorgt haben, steht auch Ihnen eine Stärkung zu, und Sie können zum gemütlicheren Teil des Tages übergehen.

Abends werden die Hunde gefüttert und zu einem kurzen Spaziergang an die Leine genommen. Zuvor haben Sie als ordentlicher Musher mit Eimer und Schaufel die „Häufchen" eingesammelt, damit der Lagerplatz sauber bleibt. Nach dem Spaziergang kommen die Hunde wieder in die Boxen und Sie können sich für den Musherabend „fein" machen. Bevor Sie sich zu später Stunde dann aufs Ohr legen (aber nicht zu spät, das schadet Ihrer Kondition und Sie wollen am nächsten Tag doch wieder ein ernstzunehmender Konkurrent sein), führen Sie die Hunde nochmals Gassi. Die Nacht ist lang.

Am nächsten Morgen heißt es dann früh raus und die Hunde versorgen. Anschließend frühstücken Sie selbst und schauen nach der neuen Startzeit. Am zweiten Renntag spielt sich im Prinzip dasselbe ab wie am Vortag. Nachdem alle Teilnehmer im Ziel eingetroffen sind, wird die Auswertung vorgenommen, und anschließend finden sofort die Siegerehrungen statt. Große Preise dürfen Sie nicht erwarten. Meist bekommen die Erstplazierten einen Pokal, eine Plakette oder einen Preis, der von Sponsoren gestiftet wurde. Das kann auch ein dicker Schinken sein, eine Wurst, ein Sack Hundefutter oder sonst etwas Brauchbares. Jetzt ist das Rennen endgültig zu Ende, und Sie können sich wieder auf den Heimweg machen.

Da Rennen in der Regel international ausgeschrieben werden, sind am Rennort meistens Teilnehmer aus ganz Europa vertreten. Muß ein Rennen abgesagt werden, weil z. B. nicht genügend Schnee liegt, wird Ihr Scheck nicht eingelöst. Sie können dann immer noch auf dem Rennkalender nachsehen, wo noch Rennen stattfinden, und sich dort nachträglich anmelden. Meistens können Sie noch starten.

Siebte Story

Einmal Winnipeg und zurück –
Mein härtester Trail!
Ein Bericht, der nichts verschweigt

Von Carmen Sieron

Der langgehegte Wunsch, einmal an Schlittenhunderennen in Kanada teilzunehmen, sollte in diesem Jahr endlich in Erfüllung gehen. Herbert, mein Mann, unser Freund Stefan und ich wollten an den Weltmeisterschaften aller Klassen in Winnipeg teilnehmen. Die Rennen sollten anläßlich eines Festivals ausgetragen werden, das zu Ehren der „Voyageurs" in der Hauptstadt der kanadischen Provinz Manitoba stattfand. Die Voyageurs waren jene unternehmungsfreudigen Kanadier französischer Abstammung, die im Dienste der Pelzhandelskompanien mit Kanu und Hundeschlitten im 17., 18. und 19. Jahrhundert das kanadische Hinterland erschlossen.

Am Anfang stand die Überlegung, was wir alles mitnehmen mußten und wie wir die Ausrüstung so verpacken konnten, daß sie nicht zu unhandlich war und während der Reise nicht beschädigt wurde, vor allem nicht das Gestänge der Pulka, das vier Meter lang war. Herbert entschloß sich schließlich, das Gestänge in zwei Hälften zu teilen und die Schnittstellen mit einem Steck- und Schraubverschluß zu versehen, so daß es sich rasch wieder zusammenbauen ließ. Die zweite Frage war, wie wir verhindern konnten, daß das Pulkagestänge, auch bei unsachgemäßer Behandlung während des Transports, nicht verbogen wurde oder gar zerbrach. Ein Besuch in einem Baumarkt brachte uns auf eine gute Idee. Abflußrohre aus Kunststoff für Dachrinnen ließen sich vorzüglich als Köcher zweckentfremden. Sie gewährleisteten einen bruchsicheren und verwindungsstabilen Transport des Gestänges. Pulkas, Ski und Skistöcke wurden in zwei Skisäcken verstaut. Da jedes Kilogramm mehr bares Geld kostete, blieben die Gewichte für die Pulkas selbstverständlich hier. Die waren sicher leicht in Winnipeg zu beschaffen.

Carmen Sieron und ihr „kleines Reisegepäck".

Da es streng verboten ist, Lebensmittel als Reiseproviant nach Kanada
einzuführen, machten wir uns natürlich Sorgen, ob unsere Hunde, die ja
mit uns fliegen sollten, drüben vielleicht Schwierigkeiten mit der Futterumstellung haben würden. Das war jedoch glücklicherweise nicht der
Fall, wie wir später zu unserer Erleichterung feststellen konnten. Für
unsere beiden Schlittenhunde mußten wir vor dem Flug noch ein amts-
tierärztliches Attest besorgen, was keine allzu großen Schwierigkeiten
bereitete.

Da Kanada der Ruf, das Land des Winters zu sein, vorausgeht, inve-
stierten wir vorsichtshalber einige hundert Mark in warme Winterklei-
dung, um gegen alle Eventualitäten gefeit zu sein.

Bereits drei Tage vor dem Abflugtermin mußten wir unsere Videoka-
mera zur Sicherheitsüberprüfung am Flughafen in Frankfurt abgeben,
was eine Bekannte für uns besorgte. Nach der Explosion der Bombe an
Bord einer amerikanischen Verkehrsmaschine über Schottland nahe der
Stadt Lockerbee – keiner der Menschen an Bord hatte die Katastrophe
überlebt – waren die Sicherheitsvorschriften in Frankfurt erheblich ver-

schärft worden. Nach bangem Warten traf das teure Stück zwei Tage nach unserer Ankunft in Winnipeg endlich ebenfalls unbeschädigt ein.

Am Abend vor dem Abflug reiste Stefan mit seinen zwei Hunden samt Ausrüstung und Gepäck bei uns an, und wir beluden unser Wohnmobil mit Sack und Pack, wobei die vier Hunde in vier neue Transportboxen kamen. Den Hunden durften wir 24 Stunden vor dem Abflug nichts mehr zu fressen und trinken geben, damit später während des Fluges die Transportboxen sauber blieben. Das hieß, die armen Vierbeiner mußten fast zwei Tage ohne Nahrung bleiben.

Morgens um zwei Uhr ging's ab nach Frankfurt. Beim Einchecken auf dem Flughafen konnten wir pro Person je einen Hund als „Handgepäck" (240,– DM je Hund) mitnehmen. Unsere Holly, die das geringste Gewicht auf die Waage brachte, gaben wir deshalb als „Fracht" auf. Als Holly von den anderen drei Hunden getrennt wurde, fing sie dermaßen an zu schreien und zu winseln, daß wir Angst hatten, sie würde bis zum Zielort völlig durchdrehen. Nichts zu fressen, in der Kiste während des langen Fluges ohne Bewegung und ohne Kontakt zu uns – wie würden unsere Vierbeiner das wohl überstehen? Auf dem Flughafen trafen wir Heinrich und Michaele, die ebenfalls mit fünf Hunden und einem Berg von Gepäck zu den Weltmeisterschaften wollten. Beide waren schon fix und fertig von den Formalitäten und der ganzen Hektik, daß auch ja alles klappte. Gemeinsam schworen wir uns: „Nie wieder, nie wieder, nie, nie mehr!"

Als wir endlich im Flugzeug saßen, war dies die reinste Erholung für uns. Leider nur bis Toronto, wo wir umsteigen mußten. Dort begann der große Streß erst richtig. Das Flugzeug von Toronto nach Winnipeg stand auf einem anderen Flughafen, und für die Abwicklung aller Formalitäten und den ganzen „Umzug" hatten wir gerade zwei Stunden Zeit. Unsere „Handgepäck-Hunde" sowie das ganze Gepäck konnten wir nach sorgfältiger Kontrolle durch die Zollbehörden (was Zeit und Nerven kostete, da sie alles ganz genau inspizieren und wissen wollten) auschecken, die Frachthunde bekamen wir nicht zu sehen, weil sie direkt weiter zum anderen Flugzeug transportiert wurden. Wie sollten wir zu dem anderen Terminal kommen mit unserem ganzen Krempel? Unsere Ausrüstung erwies sich für die Türen der Pendelbusse als zu sperrig, was Heinrich mit seinem fünf Meter langen Schlittengestänge fast die Nerven verlieren ließ. Endlich erbarmte sich unser ein mitfühlender Taxifahrer, der in zwei Fuhren, beladen bis übers Dach, die fünf Hunde, uns selbst und

Das „Übergepäck"
wird gewogen.

alles andere zum mehrere Kilometer entfernten Terminal für Inlandflüge
brachte. Dort mußten wir erneut einchecken. Dabei hieß es, der Frachtraum des Flugzeugs sei zu klein, und es könnten nur zwei Hunde mit der
gleichen Maschine mitfliegen, die anderen würden mit der nächsten
Maschine nachkommen. Da die beiden „Handgepäck-Hunde" von
Heinrich und Michaele bereits länger als unsere in den Kisten unterwegs
waren, einigten wir uns, daß ihre beiden mitfliegen sollten. Die anderen
mußten eben nachkommen. Als wir es uns dann in den Flugzeugsitzen
gemütlich gemacht hatten und gerade in der Luft waren, kam die Durch-
sage des Flugzeugkapitäns, daß es in Winnipeg gerade regnete. Da konnten wir nur noch leise stöhnen. Es hatte in Manitoba einen plötzlichen
Temperaturanstieg von –20 °C auf über 0 °C gegeben.

In Winnipeg wurden wir zu unserer Freude bereits von zwei Bekannten am Flughafen erwartet, die schon einige Tage früher als Touristen ins Land gekommen waren. Das erneute Auschecken von Mensch, „Handgepäck-Hund" und Material klappte diesmal relativ zügig, und es ging nun noch darum, die „Fracht-Hunde", die mit unserer Maschine mitgeflogen waren, herauszubekommen. Unsere Bekannten fuhren uns zum Frachtflughafen, der sich wieder woanders befand. Dort sahen wir die Hunde auch in einem Frachtraum stehen, durften aber nicht zu ihnen hinein, weil uns der richtige Stempel vom Zoll fehlte. Also schnell wieder zurück, denn der Frachtraum sollte in einer Viertelstunde geschlossen werden. Auf dem Terminal hatte jedoch das Zollbüro bereits geschlossen, und es gab ein Hin und Her, bis wir endlich freundlicherweise doch noch den benötigten Stempel bekamen. Und immer der Blick auf die Uhr. Fünf Minuten bevor der Frachtraum schloß, waren wir wieder zurück und erhielten endlich die Hunde. Nun hieß es wieder warten, bis die anderen Hunde mit der nächsten Maschine kamen. Während wir etwa eine Stunde auf das Flugzeug warteten, hatten wir Zeit, einen Mietwagen zu organisieren.

Endlich setzte sich, nach Ankunft der erwarteten Maschine, das Gepäckförderband in Bewegung, und heraus kam als erstes – eine leere Hundebox. Uns wollte fast der Schlag treffen. Eine Box mit Hund nachder anderen kam heraus, nur Ulu, ein prächtiger Rüde, fehlte. Was war passiert? Hatte ihn jemand gestohlen? Ratlos sahen wir uns an. Da, ganz zuletzt kam noch eine große Kiste. Und wer saß darin? Unser Ulu. Wie wir dann erfuhren, hatten Flughafenbedienstete ihn kurzerhand in eine größere Kiste umquartiert, weil sie der Meinung waren, der Hund benötigte für die Reise mehr Platz. Nachdem wir den Schreck überwunden hatten und nun alle beisammen waren, ließen wir die Hunde erst einmal raus und gaben ihnen etwas zu fressen und zu trinken. Erleichtert stellten wir fest, daß unsere vierbeinigen Freunde die lange Reise und die „Fastenzeit" offenbar ohne Probleme hinter sich gebracht hatten. Sie zeigten sich gut aufgelegt und benahmen sich wie immer. So fuhren wir endlich zum Motel, wo wir unsere Zimmer bereits vorab gebucht hatten. Erschöpft fielen wir dort in die Kissen. Niemand hatte etwas dagegen, daß wir die Hunde mit aufs Zimmer nahmen.

Ausgeruht, und nach einem kräftigen Frühstück in einem „Coffee-Shop" auf der anderen Straßenseite gegenüber unserem Motel machten wir uns am folgenden Morgen auf den Weg zum Büro der Rennleitung.

Lagebesprechung im Motel.

Dort stellte sich heraus, daß die ursprünglich geplante Austragung der Schlittenhunderennen auf dem Eis des bis vor kurzem noch zugefrorenen Red River, der mitten durch die Stadt fließt, buchstäblich wegen des Tauwetters ins Wasser gefallen war. Als Alternative war ein neuer Trail 80 Meilen außerhalb von Winnipeg abgesteckt worden, wo angeblich noch genügend Schnee lag. Doch leider wäre es nicht möglich, noch vor den ersten Rennen dort zu trainieren. Mit dieser Auskunft und einer Karte versehen, in welcher der Austragungsort genau eingezeichnet war, kehrten wir ins Motel zurück. Natürlich hätten wir gerne einmal die Strecke wenigstens auf Skiern abgefahren, und Heinrich, der in Hochform war und sich reelle Siegeschancen ausrechnete, war ganz heiß auf das Training. Sie können sich unsere helle Empörung ausmalen, als wir abends im Fernsehen eine Reportage vom Austragungsgelände der Wettkämpfe sahen, und feststellen konnten, daß Franzosen und Norweger bereits munter auf Skiern auf dem Trail trainierten. Wir fühlten uns hereingelegt, und Heinrich wollte schier platzen vor Wut.

Inzwischen trafen so nach und nach auch die „Großen" der Szene in unserem Motel ein. Musher, deren Namen jedem von uns geläufig waren,

Pick up eines „Big Musher's".

wie die Brüder Terry u. Eddy Streeper, Kathy Frost, Terry Killamoder und Mike Boaz. Von denen wurden wir aber überhaupt nicht beachtet.

Am Abend vor dem Rennen fuhren wir noch in die Stadt, um in einem Geschäft mit indianischen Handarbeiten einzukaufen. In einiger Entfernung von dem Laden stellten wir unseren Mietwagen ab und gingen die restlichen Meter zu Fuß. Leider hatte das Geschäft jedoch geschlossen. Als wir zurückkamen, wollte uns fast der Schlag treffen – der Wagen war weg. Wir rannten zur nächstgelegenen Polizeistation, wo wir erfuhren, daß unser Auto abgeschleppt worden war, weil es im Halteverbot gestanden hatte. Die Polizei in Winnipeg kannte da keinen Pardon. Auf dem Parkplatz einer Werkstatt konnten wir unser Auto gegen harte Dollars wieder auslösen. Außer Spesen nichts gewesen konnten wir auf der Rückfahrt zum Motel nur noch feststellen.

Den großen Festumzug zum „Festival du Voyageur" am anderen Tag verpaßten wir leider, da wir alle Hände voll zu tun hatten, Hunde und Ausrüstung zum Renngelände nördlich von Winnipeg zu bringen und uns für den Wettkampf vorzubereiten. Die Länge der Rennstrecke betrug etwa neun Kilometer und die Weltmeisterschaften wurden in die-

Kampf mit dem Pulkagestänge.

sem Fall nur an zwei Tagen ausgetragen. Am ersten Tag war es herrlich sonnig und ziemlich warm. In der darauffolgenden Nacht gab es jedoch einen Temperatursturz und am anderen Morgen schien zwar ebenfalls wieder die Sonne, aber bei –20 °C. Der Nachmittag sah Heinrich dann als neuen Weltmeister in der Pulka-Style-Klasse, Stefan wurde 5. und Herbert 8. Alles in allem konnten wir also sehr zufrieden sein und sahen uns für die vergangenen Strapazen voll entschädigt. Den Abend verbrachten wir bei einem sehr netten Ehepaar aus Bayern, das vor Jahren nach Kanada ausgewandert war und das wir am ersten Renntag kennengelernt hatten.

Die sieben Tage in Winnipeg waren schnell vorbei, und zurück ging es wieder auf dem gleichen Weg über Toronto unter der bereits ausführlich beschriebenen Prozedur. In Toronto, wo wir wieder umsteigen mußten, wollte angeblich niemand von der Fluggesellschaft etwas davon wissen, daß unsere Hunde mit an Bord gewesen wären. Es gab wieder mal ein hektisches Hin und Her, bis alles geklärt war, natürlich unter Zeitdruck. Dazu blieb ich noch samt Gepäck im Aufzug stecken, der zwischen den Stockwerken des Flughafengebäudes rauf und runter fuhr, ohne daß sich

Gespanne am Start.

die Tür wieder öffnen ließ. Schließlich gab er mich wieder frei und die Zollbeamten konnten erneut mit ihrer gewissenhaften Arbeit beginnen. Der Zeiger der Uhr rückte unaufhaltsam vorwärts, und wir durften wieder alles auspacken. Es war zum Wahnsinn werden. Das Finnenmesser von meinem Mann wurde von einem empört dreinschauenden Beamten konfisziert. Dann konnten wir endlich an Bord der Maschine nach Frankfurt gehen. Als die Motoren liefen, hörten wir unsere Hunde im Rumpf des Flugzeuges heulen. Sie waren also diesmal sicher an Bord. Entspannt lehnten wir uns in den Sitzen zurück und warteten auf das Abheben der Maschine.

Kapitel 6: Zucht

Als Schlittenhundeneuling werden Sie nicht gleich züchten wollen. Das würde ziemlich sicher im Chaos enden und nur Schaden anrichten. Außerdem hätten Sie dann das Problem, sechs oder mehr Welpen gut unterbringen zu müssen. Züchten bedeutet sehr viel Aufwand an Arbeit und Zeit, außerdem erfordert es die notwendigen Kenntnisse. Ich kenne auch keinen Züchter, der mit seiner Zucht reich geworden wäre.

Bevor sich jemand als Züchter betätigen kann, muß er beim DCNH eine Zwingerzulassung beantragen sowie einen Zwingernamen eintragen lassen. Der Zwingername ist national, auf Wunsch auch international, geschützt, und alle künftigen Welpen bekommen diesen Namen. Der Anfangsbuchstabe des Rufnamens ist beim ganzen Wurf wie folgt festgelegt:

1. Wurf mit A
2. Wurf mit B
3. Wurf mit C usw.

Anhand dieses Buchstabens können Sie erkennen, wieviel Würfe bei einem Züchter bereits gefallen sind.

Vom DCNH sind Zuchtregeln aufgestellt worden, an die sich jeder Züchter halten muß, wenn er seine Nachzucht im Zuchtbuch eingetragen und durch die Ahnentafel als rasserein nachgewiesen haben möchte. Die Richtlinien schreiben z. B. vor, daß nur solche Hunde zur Zucht verwendet werden dürfen, die im Zuchtbuch des DCNH eingetragen und angekört sind. Durch die Ankörung wird sichergestellt, daß die Hunde nicht unter zuchtausschließenden Fehlern leiden wie Hüftgelenksdysplasie, Epilepsie, Hodenfehler bei Rüden, Gebißfehler oder auch Verhaltensstörungen, um nur einige zu nennen. Die Ankörung erfolgt in der Regel durch ausgebildete Körmeister. Ob ein Hund nur für eine bestimmte Dauer oder auf Lebenszeit angekört wird, hängt vom einzelnen Hund ab.

Der Zuchtpartner muß sehr sorgfältig und nach vielen Kriterien ausgewählt werden. So wäre es etwa unsinnig, einen quadratischen Show-Dog mit einem hochbeinigen, gestreckten Rennhund zu paaren, oder eine extrem leichte Hündin mit einem schweren Rüden, nur weil dieser gerade im eigenen Zwinger steht und man die Deckgebühr für einen fremden Rüden sparen möchte. Die Deckgebühr beträgt übrigens in der Regel in etwa den Preis eines Welpen.

Die Zuchtvorschriften sind derart umfangreich, daß es zu weit führen würde, hier alle abzudrucken. Wenn Sie eines Tages wirklich einmal ans Züchten denken sollten, müssen Sie sich vorab umfassend informieren. Sie sollten sich dann auch dem Zuchtverband anschließen und die langjährigen Erfahrungen anderer Züchter nutzen.

Ein Wiedersehen mit Shana?

In einem Kapitel, in dem von neuem Leben die Rede ist, sollte auch das Ende eines in vielen Jahren lieb und vertraut gewordenen Wesens nicht unerwähnt bleiben, denn Leben und Tod gehören natürlicherweise untrennbar zusammen. Gerade der Tod eines Hundes, der über Jahre hindurch als vierbeiniges Familienmitglied wie selbstverständlich zum Alltag einer Familie gehörte, ist für seine „Hinterbliebenen" ein trauriges Ereignis. Es entsteht plötzlich eine Lücke, derer man lange Zeit jeden Tag bei den verschiedensten Gelegenheiten aufs neue schmerzlich bewußt wird. Etwa weil man es gewohnt war, daß der Hund nach dem Mittagstisch herbeikam und seinen Kopf auf den Schoß legte, um sich eine Weile hinter den Ohren kraulen zu lassen. Oder man ertappt sich beim Spazierengehen, daß man unwillkürlich nach ihm Ausschau hält, so, als würde er noch irgendwo am Wegrand herumschnüffeln und man habe ihn nur kurz aus den Augen verloren. Wie oft hat man sich über ihn geärgert, weil er mal wieder nicht folgen wollte, oder gefreut, wenn er einem abends an der Gartentüre schwanzwedelnd entgegenkam – und irgendwie verrauchte dann der Ärger eines Arbeitstages. Aus! Vorbei!

Außenstehende können den Schmerz über diesen Verlust oft nicht verstehen, würden sich vielleicht sogar darüber mokieren. Dennoch sollte man sich seiner Gefühle nicht schämen und seinen Kummer nicht verdrängen, der vielleicht noch durch ein schlechtes Gefühl verstärkt wird, weil man sich entschieden hatte, ihn durch den Tierarzt von seinem

Leiden zu erlösen, weil es keine Hoffnung mehr auf Genesung gab. Wenn Sie eine vertraute Person haben, reden Sie mit ihr darüber, das hilft. Falsch wäre es, den Todesfall einfach „abzuhaken" und möglichst schnell für Ersatz zu sorgen. Beziehungen sind nicht einfach austauschbar. Warten Sie, bis Sie genügend Abstand gewonnen haben. Dann allerdings sollten Sie sich nicht davon abhalten lassen, einem neuen Tier Ihre Zuneigung zu schenken. Es wird von Ihren Erfahrungen, die sie mit seinem Vorgänger gewonnen haben, Nutzen ziehen, und Ihr Leben durch seine neue, ihm eigene Art bereichern. Die Erinnerung an das vorherige Tier wird dadurch nicht ausgelöscht, aber der Schmerz über den Verlust auf jeden Fall gelindert.

Manchen Hundefreund mag die Vorstellung, den vertrauten vierbeinigen Freund vielleicht im Jenseits wiederzusehen, über den Verlust etwas hinwegtrösten. Wäre dieser Gedanke gar so abwegig? Wenn es denkbar erscheint, daß der Mensch, der sich im Laufe von Jahrmillionen von einer niedereren, tierischen Form zu seiner heutigen fortentwickelt hat, in einem Jenseits weiterlebt, warum nicht auch das Tier, das diese Entwicklung (intelligenterweise?) nicht mitgemacht hat. Haben sich doch die Tiere zudem niemals jener Verbrechen schuldig gemacht, die man ausschließlich als typisch „menschliche" Untaten kennt, wie Krieg, Völkermord, „Ethnische Säuberungen", Umweltzerstörung und vieles mehr. Wenn daher jemand ein Anrecht darauf hätte, in einer besseren Welt weiterzuleben, dann müßte eigentlich mit an erster Stelle der treueste Freund des Menschen, der Hund, genannt werden. Diesen Gedanken fände ich persönlich sehr reizvoll.

Wenn ich mir einmal vorstelle, wie mir vielleicht eines fernen Tages bei meiner Ankunft im Jenseits unsere Shana, freudig mit dem Schwanz wedelnd und mit allen Anzeichen größter Anhänglichkeit und Zuneigung, entgegenkommt, sich dabei vor lauter Freude über das Wiedersehen wie ein Kreisel um die eigene Achse dreht, an mir hochspringt und versucht, mir zur Begrüßung mit ihrer feuchtkalten Schnauze einen freundschaftlichen Stups ins Gesicht zu geben, wird mir richtig warm ums Herz.

Statt uns beim „Hosiannasingen" zu langweilen, würden wir beide zusammen durch die elysischen Gefilde stromern, und ich könnte unserem Hund vergnügt dabei zusehen, wie er vergeblich versucht, Odins Raben Hugin und Munin zu jagen, während diese, mit ruhigem Flügelschlag, nur wenig über seiner Kopfhöhe gelassen davonflögen und sich einen Spaß daraus machten, den Vierbeiner in seinem Jagdeifer zu narren. Oder ich könnte ihn dabei beobachten, wie er, seiner alten Leidenschaft frönend und bis zur Schulter in der Erde steckend, wie wild nach (elysischen) Mäusen gräbt, dabei den ganzen Himmel um sich herum vergessend. Das fände ich toll.

Und ehrlich gesagt, unsere Shana hätte es auch verdient, nachdem sie uns zu ihren Lebzeiten so viele vergnügte Stunden des Zusammenseins mit ihr geschenkt hat. Eigentlich war sie „ein ganzer Kerl". Und die Worte der Grabschrift, die Lord Byron auf seinen Hund verfaßte, träfen auch auf unseren zu:

> „Schönheit ohne Eitelkeit,
> Kraft ohne Überheblichkeit,
> Mut ohne Grausamkeit,
> alle Tugenden des Mannes,
> keines seiner Laster."

Das müßte doch eigentlich gerade ein „lieber" Gott in Rechnung stellen, oder?

Kapitel 7:

Ausstellungswesen

Nehmen wir einmal an, Ihr „Nordischer" wird langsam erwachsen und hat sich in Ihren Augen zu einem superschönen Hund entwickelt. So einen tollen Hund wollen Sie natürlich auch ausstellen. Wenn Sie nun aber glauben, Sie bräuchten auf so eine Ausstellung nur einfach hinzugehen, dann ist das wie ein Sprung ins kalte Wasser. Ausstellungshunde müssen nämlich vor ihrer Präsentation in der Öffentlichkeit ebenso fleißig lernen wie Rennhunde.

Im Alter von drei bis vier Monaten haben Sie sicher schon damit begonnen, Ihren Hund zu erziehen. Er gehorcht den Befehlen Sitz! Platz! Warten! Steh! usw. Doch er muß noch viel mehr lernen. So muß er es sich z.B. gefallen lassen, daß sein Gebiß vom Ausstellungsrichter begutachtet wird. Es muß fehlerfrei und komplett sein. Er muß ein sauber schließendes Scherengebiß vorzeigen können. Mit einem „Vor- oder- Rückbeißer" (d.h. der Ober- oder Unterkiefer steht vor) bleiben Sie besser zu Hause.

Beim Rüden möchte der Richter auch beide Hoden ertasten können. Sollte Ihr Bursche Hodenfehler aufweisen, können Sie sich die Meldegebühr für die Ausstellung ebenfalls sparen.

Also, Sie müssen vor einer Anmeldung sehr genau den Standard durchlesen und Punkt für Punkt Ihren Hund daraufhin prüfen. Augenstellung, Fellbeschaffenheit, Rutenhaltung, Gangart, fester Rücken, Breite des Kopfes, Länge der Schnauze, die Pfotengröße und vieles mehr sind ebenfalls zu bewerten.

Die Ausstellungsringe sind auf den verschiedenen Ausstellungen unterschiedlich groß. Nacheinander führt jeder Aussteller seinen Hund im Ring dem Richter vor. Sie haben Ihren Hund an der Leine, er soll nicht reißen, ziehen, hüpfen und sich auch nicht einfach hinlegen. Das müssen Sie zu Hause üben. Und wenn es dort klappt, bedeutet das noch lange nicht, daß es auf der Ausstellung im Ring ebenfalls klappt. Unter Umständen fallen dem Schlingel gerade dann alle möglichen Dummheiten ein. Er hüpft an Ihnen hoch, möchte spielen, zerreißt Ihre Hosentasche, weil Sie einige Leckerbissen für Ihn darin haben, er schleckt den Richter ab, weil er ihn becircen will, vielleicht kriegt er aber auch ganz einfach nur Lampenfieber und strullt.

Meist sind die Böden in den Ausstellungshallen sehr glatt und die Hunde rutschen beim Laufen. Aus diesem Grund legen die Klubbeauftragten in der Regel einen Teppichläufer aus. Einmal habe ich erlebt, daß dieser Läufer zu Hause vergessen wurde. Da war guter Rat teuer. Plötzlich hatte jemand eine glänzende (oder sollte ich sagen „klebrige") Idee, die auch umgehend in die Tat umgesetzt wurde. Der Boden im Ring wurde mit Cola bespritzt, und die bald eingetrocknete Flüssigkeit sorgte für ausgezeichnete „Bodenhaftung". Leider hatte man jedoch bei dieser eleganten Problemlösung nicht bedacht, daß die Hunde ganz wild auf dieses süße Zeug waren und ihre Schnauzen kaum noch vom Boden brachten, weil sie die Cola aufleckten. Dadurch machten sie vor dem Richter natürlich keine „gute Figur".

Wenn Ihr Hund ganz besonders rassetypisch ist, und vortreffliche Manieren zeigt, hat er durchaus Chancen, den nationalen oder gar internationalen Championtitel zu erreichen. Dafür gibt es wiederum Richtlinien, die Sie ebenfalls beim DCNH erhalten. Sie hier abzudrucken, wäre zu viel des Guten. Nach einiger Zeit wäre dieser Abdruck auch nicht mehr vollständig aktuell, weil die Richtlinien immer mal wieder geändert werden.

Es kann Ihnen natürlich auch passieren, daß Sie zwar selbst Ihren Hund als den schönsten der Ausstellung ansehen, der Richter aber etwas anderer Meinung ist. Den einen oder anderen Konkurrenten findet er einfach schöner und korrekter. Dagegen können Sie leider nichts machen, Sie müssen das einfach schlucken. Nehmen Sie also nochmals den Standard Ihres Hundes zur Hand und prüfen Sie Punkt für Punkt . . . Kein Tier ist perfekt, es ist ein Lebewesen und kein Legobaustein, der genormt aus der Presse kommt.

Die Hunde werden, getrennt nach Rüden und Hündinnen, ausgestellt. Unterteilt werden sie jeweils in verschiedene Klassen: Jüngstenklasse, offene Klasse, Siegerklasse. Oft gibt es noch eine Seniorenklasse.

Ausstellungstermine können Sie dem Klubheft entnehmen. Dort erfahren Sie auch, wo Sie die Ausstellungsunterlagen anfordern müssen. Der Preis je Ausstellung und Hund beträgt ca. 50,– bis 60,– DM. Senden Sie rechtzeitig vor Meldeschluß Ihre Anmeldung samt dem Scheck ab, dann erhalten Sie eine Meldebestätigung und eine Eintrittskarte mit einem Gutschein für den Ausstellungskatalog.

Als Erinnerung an einen Erfolg gibt es Urkunden, Plaketten und manchmal einen Pokal. Zusammen mit der Urkunde erhalten Sie die schriftliche Bewertung des Richters mit allen Plus- und Minuspunkten Ihres Hundes.

Ausstellen können Sie in allen angrenzenden Ländern, wobei vom DCNH häufig Fachrichter aus dem Ausland eingeladen werden. Im Laufe der Zeit lernen Sie die Richter alle kennen, und Sie dürfen sich nicht wundern, wenn der eine Richter Ihrem Hund ein „V1" gibt, während ein anderer nur ein „V" oder ein „SG" gibt. Die Benotung gliedert sich wie folgt:

Vorzüglich: V1 bis … (entscheidet der Richter)
Sehr gut: SG1 bis… (dto.)
Gut
Genügend
Mangelhaft

Nehmen Sie zu den Ausstellungen generell immer den Impfpaß mit, er wird am Eingang zur Ausstellungshalle geprüft. Außerdem benötigen Sie die Original-Ahnentafel des Hundes. Jede V1-Benotung lassen Sie sofort nach der Ausstellung vom Richter in die Ahnentafel eintragen. Vergessen Sie auch nicht die Anmeldebestätigung, die Eintrittskarte und den Kataloggutschein.

So ein Ausstellungstag ist für Sie und den Hund sehr strapaziös. In der Regel müssen Sie schon frühmorgens da sein. Vor den Eingangstoren warten Hunderte von Leuten und noch mehr Hunde. Bei einer Ausstellung in Stuttgart können es z. B. über 3 000 Hunde sein.

Wenn Sie also glücklich den Eingang passiert haben, zücken Sie Ihren Kataloggutschein und holen sich an einem Sonderstand im Eingangsbereich Ihr Exemplar ab. Sie blättern darin, bis Sie die „Nordischen" gefunden haben, und sehen vor dem Namen Ihres Hundes eine Nummer. Das ist die Nummer der Box, die Sie nun suchen müssen. Meist gibt es auch einen Infostand, an dem Sie sich erkundigen können, in welcher Richtung Sie die Box suchen müssen. Es handelt sich um eine Gitterbox, die zur Größe Ihres Hundes paßt. Wegen des kalten Bodens nehmen Sie ihm seine Decke mit. Der Tag ist lang. Nehmen Sie auch eine Wasserschüssel mit, Wasser gibt's auf dem Gelände. Auch Leckerbissen sollten Sie nicht vergessen, sonst müssen Sie auf der Ausstellung die Belohnung für ihn kaufen. Damit Sie selbst nicht Hunger leiden, sollten Sie auch etwas für sich mitbringen. Oft sind Ausstellungen aber auch bewirtschaftet.

Wollen Sie nicht den ganzen Tag herumgehen oder – stehen, sollten Sie auch einen Campingstuhl für sich mitbringen. Und, ach ja, natürlich auch ein Vorhängeschloß. Damit machen Sie die Gitterbox zu Ihrem Tresor, in dem sie alles einschließen, was Sie gerne wiedersehen möchten, wenn Sie mal von einem „Ausflug" mit Ihrem Hund zurückkommen.

Meist fängt das Richten gegen 10 Uhr an. Die Reihenfolge entnehmen Sie aus dem Katalog, bzw. sie wird durch die Sonderleitung bekanntgegeben. Richten Sie sich also rechtzeitig darauf ein, denn Sondereinladungen werden nicht ausgesprochen. Wenn Sie dann Ihre mehr oder weniger erfolgreiche Vorstellung hinter sich haben, steht der restliche Tag zu Ihrer freien Verfügung. D. h., bis 16 oder 17 Uhr müssen Sie noch auf dem Ausstellungsgelände bleiben, damit die Besucher, die ja Eintritt dafür bezahlt haben, auch Ihren Hund noch sehen können.

Besucher betrachten auch sehr gerne Fotos von Ihrem Hund, dem Zwinger und von Schlittenhunderennen. Sie sind überhaupt sehr interessiert und wißbegierig. Wenn Sie also ein Album haben, nehmen Sie es mit und legen es gut sichtbar auf Ihre Box. Auch Zugstränge, Zuggeschirr, Pulka usw. werden immer ausgiebig bestaunt. So können Sie gleich für Ihr Hobby werben. Doch dürfen Sie dabei nicht mundfaul sein, und außerdem müssen Sie natürlich das Ganze hin- und zurückschleppen.

Auf den Ausstellungen hat man auch oft die Gelegenheit, Klubmitglieder zu treffen, die man sonst selten zu sehen bekommt. Auch ein Grund, eine Ausstellung zu besuchen.

Aktive Rennteilnehmer werden Sie allerdings eher selten auf Ausstellungen treffen, denn Renn- und Ausstellungstermine sind nur schwer unter einen Hut zu bringen. Außerdem sind Musher oft keine Freunde von Ausstellungen und ihren Show-Dogs. Mit einem Einzelhund wird es Ihnen jedoch leichter fallen, sich für eine Ausstellung zu entscheiden.

Für einen Züchter gehört es allerdings fast zur Pflicht, Ausstellungen zu besuchen. Die Besucher wollen sich ja über Hunde informieren, evtl.

Kontakt zu Ihnen aufnehmen und vielleicht einen Welpen kaufen. Außerdem ist es immer interessant, zu verfolgen, wie die einzelnen Richter die Hunde bewerten. Eine Zucht mit erfolgreichen Ausstellungshunden, in Verbindung mit einem vorbildlichen Körbericht, bedeutet für den Interessenten, daß Sie bemüht sind, Hunde zu züchten, die das Idealbild des Rassestandards verkörpern.

Literaturverzeichnis

Die Einleitungsstory zum Kapitel 1 entstammt dem Werk „Der Ruf der Wildnis" von Jack London in einer deutschen Übersetzung von Franz Mairhofer. Mit freundlicher Genehmigung des Rudolf Trauner Verlages, Linz.

Amundsen, R.: Die Eroberung des Südpols 1910–1912. Thienemanns Verlag, Stuttgart, 1984.

Bandi, H.-G.: Urgeschichte der Eskimo. Gustav Fischer Verlag, Stuttgart, 1965.

Baumann, D.: Nordische Hunde. Eugen Ulmer Verlag, Stuttgart, 1984.

Bernatzik, H. A. (Hrsg.): Die neue große Völkerkunde. Bertelsmann Lesering, 1962.

Burns, M. und M. N. Fraser: Die Vererbung des Hundes. Oertel + Spörer, Reutlingen, 1968.

Capra, F.: Arktischer Hund. Verlagsunion Erich Pabel – Arthur Moewig KG, Rastatt, 1991.

Cellura, D.: Schlittenhunde in Eis und Schnee. Blanckenstein Verlag, München, 1990.

Clairborne, R.: Die Besiedelung Amerikas. Rowohlt Taschenbuch Verlag, Reinbeck, 1977.

Cropp, W. U.: Hetzjagd durch Alaska – Iditarod, das härteste Hundeschlittenrennen der Welt. Copress Verlag, München, 1981.

DCNH: Unsere Hunde – Aufgabe und Hobby. Kleines Informations-Heft, 3. A., Simmerathh, 1985.

Farb, P.: Die Indianer – Entwicklung und Vernichtung eines Volkes. Verlag Fritz Molden, München, 1971.

Grandjean, D.: Ernährung der Renn- und Arbeitshunde. In „Symposium 1992". Goldrausch Verlag, Schwalbach, 1992.

Hallgren, A.: Lehrbuch der Hundesprache. Oertel + Spörer, Reutlingen, 1992.

Hildebrandt, O.: Schlittenhunde. Paul Parey, Hamburg, 1991.

Klauer, B.: Norwegen zu Fuß und auf Ski. Pietsch Verlag, Stuttgart.

Kogl, S.: Sled Dogs of Denali. Alaska Natural History Association, 1981.

Kolbe, A. und A. Braun: Nordische Hunde, Schlittenhunde. Franckh'sche Verlagshandlung, Stuttgart, 1982.

Kreutzkamp, D.: Husky-Trail. Frederking & Thaler, München, 1992.

Lindig, W.: Die Kulturen der Eskimo und Indianer Nordamerikas. VMA-Verlag, Wiesbaden, 1972.

Lindig, W. und M. Münzel: Die Indianer, Kulturen und Geschichte der Indianer. Deutscher Taschenbuchverlag, München, 1978.

London, Jack: Der Ruf der Wildnis (Deutsch von Franz Mairhofer). Rudolf Trauner Verlag, Linz.

Maas, H.: Eispfad in die Freiheit. Jugend und Volk Schulbuchverlag, Wien, 1987.

Malaurie, J.: Die letzten Könige von Thule. Fischer Taschenbuch Verlag, Frankfurt/M., 1979.

Müller, M.: Vom Welpen zum idealen Schutzhund. Oertel + Spörer, Reutlingen, 1988.

Niemand, H. G.: Hundehaltung – aber wie? Oertel + Spörer, Reutlingen, 1974.

Pfirstinger, R.: Huskies in Action – Die Faszination des Schlittenhundesports. Kynos Verlag, Mürlenbach, 1993.

Philipp, A. und A.: Schlittenhunde, 2. A., Marion Hildebrand Verlag, Berlin, 1984.

Pugnetti, G.: Handbuch der Hunderassen. Albert Müller Verlag, Rüschlikon, 1989.

Räber, H.: Brevier neuzeitlicher Hundezucht. Paul Haupt Verlag, Bern, 1984.

Rossi-Mura, P.: Huskypower – Trainingslehre für Schlittenhunde. Goldrausch Verlag, Schwalbach, 1993.

Schelbert, H. und E. Müller: Schlittenhunde. Eine Rasse für Mensch und Sport. Albert Müller Verlag, Rüschlikon, 1990.

Snow, D.: Die ersten Indianer. Gustav Lübbe Verlag, Bergisch Gladbach, 1976.

Stöhr, W.: Lexikon der Völker und Kulturen. Georg Westermann Verlag, Braunschweig, 1972.

Tischer, H. (Hrsg.): Völkerkunde. Das Fischer Lexikon. Fischer Bücherei, Frankfurt/M., 1969.

Trumler, E.: Das Jahr des Hundes. Kynos-Verlag, Mürlenbach/Eifel, 1985.

Welch, J.: Wie trainiere ich Schlittenhunde? Goldrausch Verlag, Schwalbach, 1990.

Bildquellen

Umschlagbild: Lehari, Ermo

Farbbilder

Diehl, Christof: 7, 27
Dröge, Heinrich: 28
Fetzer, Carin: 1, 2, 5, 19, 20, 21, 22, 23
Lehari, Ermo: 4, 8, 9, 10, 11, 12, 13, 14
Oyen, Arnulf: 25
RICOpress: 24, 26, 29
Sieron, Carmen: 15, 18
Textor, Walter: 3, 6, 16, 17

Schwarzweißabbildungen (Seitenangabe)

Bertsch, Stephan: 156
Bodmer, Karl: 13
Curtis, Edward S.: 14
Diehl, Christof: 116, 117, 120 o., 147 o., 148 u., 149
Dröge, Heinrich: 28
Egede, Hans: 8
Fetzer, Carin: 18, 19, 39, 47, 49, 51, 52, 56, 58, 60, 63, 66, 72, 73, 74, 77, 84, 88, 89, 91, 109 u., 110, 112 u., 123, 124, 134, 137, 142, 143, 147 u., 148 o.
Gates, Donna: 10, 126 o.
Heckel, Karl Heinz: 111
Laguna, F. de: 9 o.
Lehari, Ermo: 71, 75, 126 u., 135, 138, 145, 151
Lyon, G.: 9 u.
Remington, Frederic: 16
Reutter, Fritz: 128 o.
RICOpress: 57, 125 u.
Rindisbacher, Peter: 11
Sieron, Carmen: 109 o., 112 o., 113, 114, 146, 150, 163, 165, 167, 168, 169, 170
Stern, Viktor J.: 5, 7, 12, 15 o., 17, 79, 80, 83, 99, 106, 118, 119, 120 u., 121, 122, 125 o.
Strasser, Rüdiger: 128 u.

182

Adressen

AGSD	Arbeitsgemeinschaft Schlittenhunde Deutschland BWSC (Landesverband Baden-Württemberg). Geschäftsstelle: Dirk Cassel, Tönisvorster Straße 251, D-47893 Krefeld.
DCNH	Deutscher Club für Nordische Hunde e.V. Geschäftsstelle: Ralf Linzenmeier, Stüttgesgasse 2, D-52152 Simmerath-Lammersdorf, Telefon 02473/7100.
DSSV	Deutscher Schlittenhundesportverband. Geschäftsstelle: Hans-Jürgen Neumann und Sabine Leue, Ludwigsfelder Straße 45, D-80997 München.
	(Der DSSV organisiert internationale, offene Rennen mit speziell auf Leistung gezüchteten Rennhunden).
FCI	Fédération Cynologique Internationale. Rue Leopold II, B-6530 Thuin.
ÖCNHS	Österreichischer Club für Nordische Hunderassen und Schlittenhundesport. Gertrude Pinner, Ruthgasse 25, A-1190 Wien.
ÖKV	Österreichischer Kynologenverband. Loipoldgasse 1/9, A-1080 Wien.
	Siberian-Husky-Club Deutschland e.V. Geschäftsstelle: Jörg Deutgen, Dorfstraße 26, D-67742 Deinberg.
SKG	Schweizerische Kynologische Gesellschaft. Falkenplatz 11, CH-3012 Bern.
SKNH	Schweizerischer Klub für Nordische Hunde. Präsident: Ursula Bieri, Gatterstr. 11, CH-9010 St. Gallen.
SKS	Schweizerischer Klub für Schlittenhundesport. Gilbert Müller, CH-1482 Granges de Vesin.
SSK	Schweizerischer Schlittenhundesport Klub. Urs Schaub, Oberwiler 319, CH-4252 Bärschwil.
VDH	Verband für das Deutsche Hundewesen e.V. Mallinckrodtstr. 26, D-44145 Dortmund.

Fachausdrücke

Ackja	Von Rentieren gezogener Schlitten der Lappen (Samen) im Norden Skandinaviens
AKC	American Kennel Club
Alaskan Malamute	Größte und schwerste Schlittenhunderasse, ursprünglich aus Alaska stammend, vom AKC 1935 als Rasse anerkannt
Alaskan-Husky	Auch „Alaskan" genannt, Begriff für Schlittenhunde ohne von kynologischen Dachorganisationen anerkannte Stammbäume, für Leistung gezüchtet ohne Rücksicht auf Schönheit
All Alaskan Sweepstakes	Rennen über 408 Meilen von Nome nach Candle und zurück; wurde jährlich durchgeführt von 1908–1917
Anspannung	Verschiedene Arten der Anspannung möglich: Double-hitch (= Gang-hitch) bei unseren Rennen üblich; Tandem-Gespann; Fächer-Gespann
Basket	Engl.: Korb; Ladefläche des Schlittens
Boots/Booties	Hundeschuhe aus Nylon oder Leder, die die Pfoten vor Verletzungen schützen sollen
Brake	Amerikanisch „hook", Bremse am Schlitten, wird mit dem Fuß betätigt
Brakebord	Bremsbrett
Brake Tower	s. Tower
Bridle	Zugvorrichtung (Seil) am Schlitten, woran die Zugleine mit Karabinern befestigt wird.
Brushbow	Auch „Bumper"; vorderer Bogen am Schlitten, meist aus Holz, ähnlich der Stoßstange am Auto, Unterholz-

abweiser und zum Schutz der Hunde beim Auffahren auf das Gespann oder beim Überholen der Gespanne, schützt den Schlitten beim Touchieren von Hindernissen

Brustblatt-Zuggeschirr	Vor allem beim Lastenziehen verwendet; die Zugkraft wird über einen Gurt übertragen, der quer über die Brust des Hundes verläuft
Canadian Eskimo Dog	Kanadischer Eskimohund; mit dem Grönlandhund sehr eng verwandte Hunderasse aus der kanadischen Arktis, in den Vierzigerjahren vom kanadischen Kynologenverband als Rasse anerkannt, in Europa kaum vorhanden
Centerline	s. Gangline
Cheechako	Alaskischer Begriff für Anfänger „Tschitschako"
Come Gee!	180-Grad-Wendung des Gespanns nach rechts, kann von sehr guten Leithunden ausgeführt werden
Come Haw!	180-Grad-Wendung des Gespanns nach links, kann von sehr guten Leithunden ausgeführt werden
Countdown	Die letzten 30 Sekunden vor dem Start eines Gespanns
DCNH	Deutscher Club für Nordische Hunde, 1968 gegründet
Desire to go	Der bei guten Schlittenhunden „eingebaute" Wille zum Ziehen und Rennen
Distanzen	Streckenlängen, abhängig von der Größe des Gespanns; bei C-Gespannen ca. 5–9 km, bei B-Gespannen und Skandinaviern ca. 9–15 km, bei A-Gespannen ca. 12–20 km, bei der offenen Klasse ca. 18–24 km
Dog Driver	In Alaska und Kanada verwendeter Begriff für Schlittenhundeführer

Dog Pack	Packtaschen für den Hund, auch Pack-Bag genannt
Double-hitch	Doppelgespann, auch Gang-hitch oder Tandem-Hitch genannt, paarweise Anspannung der Hunde hintereinander
Double Lead	Verwendung zweier Leithunde beim Double-hitch
Fächer-Gespann	Fan-hitch; Anspannung, bei der jeder Hund mit seinem Zugseil direkt mit dem Schlitten verbunden ist; vor allem bei Eskimos gebräuchlich, Hunde haben größtmögliche Bewegungsfreiheit
Fan-hitch	s. Fächer-Gespann
FCI	Fédération Cynologique Internationale
Gang-hitch	s. Double-hitch
Gangline	Auch Zentralleine oder Towline genannt, am Schlitten befestigt; jeder Hund ist mit einer Zugleine und Neckleine mit dieser Zentralleine verbunden
Gee	Kommando für „rechts"
Go on!	Kommando für „vorwärts", auch „hike!" oder „allez!"
Good mushing!	So etwas wie „Hals- und Beinbruch" oder „Gute Fahrt" unter den Mushern
Grönlandhund	Starke, ursprüngliche Schlittenhunderasse aus Grönland, vom schwedischen Kynologenverband 1950 als Rasse anerkannt
Handle bar	Handgriff am Schlitten zum Festhalten und Lenken
Harness	Geschirr der Hunde; verschiedene Renn- und Lastengeschirre
Haw	Kommando für „links"
Hook	s. Brake

Hook up	anschirren
Husky	Amerikanisch = heiser, ursprünglich Schimpfwort für die Eskimos, dann auf deren Hunde übertragen; heute gelegentlich für „Schlittenhunde" allgemein benutzt; im Standard führt nur der Siberian Husky diese Bezeichnung. „Husky Typ Dog" ist ein in Alaska verwendeter Begriff für einen Schlitten ziehenden Hund mit Stehohren (im Gegensatz zu den „Alaskans", welche Hängeohren haben können). Husky = Einzahl, Huskies = Mehrzahl
Iditarod	Härtestes Schlittenhunderennen der Welt (von Anchorage nach Nome/Alaska)
ISDRA	International Sled Dog Racing Association; 1966 in den USA gegründet, widmet sich der Förderung des Schlittenhundesportes auf weltweiter Ebene
Kategorien	Einteilung bei den Rennen in Kat. oder Klassen, nach Gespanngröße und Rassen der Hunde; Kat. C = bis 4 Hunde, Kat. B = bis 6 Hunde, Kat. A = bis 8 Hunde und Offene Klasse = unbegrenzte Hundezahl, Pulka-Style = 1–2 Hunde (oder mehr) vor der Pulka
Komatik	Schlitten der Eskimos in Grönland und der kanadischen Arktis
Kommandos	Die Hunde werden nur durch Kommandos gelenkt; welche Kommandos benutzt werden, spielt keine Rolle, sie müssen nur immer gleichbleiben. Gebräuchlich sind:
Come Gee	180-Grad-Wendung des Gespanns nach rechts
Come Haw	180-Grad-Wendung des Gespanns nach links
Gee	rechts
Go on	vorwärts
Haw	links
Hike	vorwärts
Mush	Startkommando
Straight ahead	geradeaus
Whoa	stop, anhalten

Lake Placid 1932	Schlittenhundesport war olympische Disziplin
Lead-dog	Leithund des Gespanns; oft laufen auch zwei Leithunde an der Spitze, es sollten die schnellsten, zuverlässigsten und sichersten Hunde im Gespann sein
Mush	wird als Startkommando benutzt
Musher	Schlittenhundeführer; die Bezeichnung leitet sich vom französischen „marcher" (= gehen) ab, aus dem die Amerikaner „mush" (sprich „masch") machten
Mushermeeting	Treffen der Musher vor dem Rennen, an welchem die Rennleitung notwendige Informationen zum Anlaß vermittelt
Neckline	Halsleine; kurze Leine, welche das Halsband mit der Zentralleine, oder die Halsbänder zweier Leithunde verbindet
New England Sled Dog Club	Erster amerikanischer Schlittenhundeclub, gegründet 1924
Nome Kennel Club	Club in Nome/Alaska
North American Championship Sled Dog Races	Rennen in Fairbanks/Nordamerika über 70 Meilen in 3 Tagen (zwei Etappen à 20 Meilen, eine Etappe à 30 Meilen)
Notleine	Ca. 3–6 m lange Leine, um den Schlitten unterwegs festbinden zu können
Overflow	Überfließendes, nicht sichtbares Wasser auf gefrorenen Seen und Flüssen. Darüber liegt die Schneedecke oder dünnes zufrierendes Eis. Wer in einen Overflow gerät und naß wird, riskiert zu erfrieren, wenn er sich nicht schnell genug umziehen oder ein Feuer entfachen kann.
Pack-Bag	s. Dog Pack
Panic snap	Sicherheitskarabiner; läßt sich durch starken Zug öffnen

Point-dogs	Spitzenhunde direkt hinter dem Leithund, gehören zu den schnellsten des Gespanns. Dieser Ausdruck wird nur in den USA, außerhalb Alaskas, verwendet
Pulka	Aus Skandinavien stammender kleiner, bootsförmiger Schlitten aus Holz oder Kunststoff, der von einem oder mehreren Hunden mittels Zuggestänge gezogen wird; der Musher läuft auf Ski hinterher
Pulka-Style	Besondere Sportart im Schlittenhundesport; der Hund zieht mit einem Zuggestänge die Pulka und der Musher läuft auf Ski hinterher; diese Sportart haben wir von den Rennen in Skandinavien übernommen
Racing Dog	Sogenannte „Rennhunde", die sich bei Rennen hervorragend bewähren, aber auf Ausstellungen nicht gut bewertet werden; im Gegensatz zu den Show Dogs
Runner	Kufen
Samojede	Schlittenhunderasse mit weißem, langhaarigem Fell, ursprünglich aus Sibirien stammend, 1909 vom englischen Kynologenverband als Rasse anerkannt
Schneeanker	Haken aus Stahl, mit einem Seil am Schlitten befestigt. Der Schneeanker wird in den Schnee getreten oder an einem Pfosten eingehängt, um den Schlitten festzuhalten, ist bei unseren Schneeverhältnissen selten verläßlich einzusetzen
Show Dog	Sogenannte „Ausstellungshunde", im Gegensatz zu den Racing Dogs, die im Ring gut bewertet werden, aber bei Rennen nicht mithalten können; eine Trennung der Zuchtlinien in diese beiden Typen soll bei Schlittenhunden möglichst vermieden werden
Siberian Husky	Kleinste und leichteste Schlittenhunderasse, ursprünglich aus Sibirien stammend, 1930 vom AKC als Rasse anerkannt, „Siberian Husky" ist die offizielle Rassebezeichnung der FCI, die deutsche, nicht gebräuchliche Bezeichnung heißt „Sibirischer Husky"

Single-Tandem-Hitch	Die Hunde werden einer hinter dem anderen einge-spannt, zwischen zwei Zugleinen; diese Anspannung wurde von den Indianern und einigen Eskimostäm-men bevorzugt, die in waldigen Gebieten mit den Hunden arbeiteten
Skijo/ring	Ein Skiläufer läßt sich am langen Seil von einem Hund ziehen; in Skandinavien beliebte Sportart
SKNH	Schweizer Klub für nordische Hunde, 1959 gegründet
Snowmachine	Motorgetriebenes, kleines, offenes Raupenfahrzeug, Motorschlitten (Ski-Doo), Schneemobil
Stake-out	Stahlkette zum Anbinden der Hunde im Freien, vor dem Training oder bei den Rennen; von einer starken Zentralkette gehen die einzelnen, kürzeren Ketten für die Hunde in regelmäßigen Abständen ab
Startleine	Leine, mit welcher der Schlitten zum Starten angebun-den wird, meist mit „Panic-Snap" versehen
Stopzug-Halsband	Halsband, das sich nur bis zu einem gewissen Grad zuziehen läßt, so daß der Hund nicht gewürgt wird
Straight ahead	Kommando für „geradeaus"
Swing-dogs	Hunde direkt hinter dem Leithund. Dieser Begriff ist in Alaska und Europa üblich
Tandem-Hitch	s. Double-Hitch
Team-dogs	Alle Gespannhunde vor den Wheel Dogs und hinter den Swing Dogs
Toboggan	Ursprünglicher Schlitten der kanadischen Nordland-indianer, in moderner Form Transport- und Renn-schlitten für Langdistanzrennen
Tower	„Turm" des Schlittens, an dem der Musher sich fest-hält, auch Brake Tower genannt

Towline	Hauptzugleine, auch Zentralleine oder Gangline genannt
Trail	Weg, Pfad, Strecke, Rennstrecke, Hundepiste
Travois	Indianische Trage-Zugvorrichtung für Hunde
Tugline	Zugleine eines jeden Hundes zwischen Geschirr und Gangline
VDH	Verband für das Deutsche Hundewesen e.V.
Wheel-dogs	Deichselhunde direkt vor dem Schlitten, meist die kräftigsten, stärksten Hunde des Gespanns
White Out	Wetterverhältnis vor allem in der Arktis, bei der Beleuchtung, starker Wind und Schneetreiben direkt über dem Boden dazu führen, daß man nichts mehr sehen kann. Darüber herrscht blauer Himmel
Whoa	Gesprochen „Hua", Kommando für Anhalten
World Championship Sled Dog Race	Höhepunkt der Rennsaison Dezember bis März in New Hampshire und Massachusetts, stattfindend in Laconia
Zentralleine	Hauptzugleine zwischen Schlitten und Leithunde; auch Gangline oder Towline genannt

Fachbücher rund um den Hund

Oertel + Spörer

Anders Hallgren

**Lehrbuch
der Hundesprache**

**Mit dem Hund
auf du und du
3. Auflage**

180 Seiten, 14 Farb-
bilder, 92 Schwarzweiß-
bilder, 14,8 × 21 cm,
gebunden
ISBN 3-88627-165-X
DM 28,–/öS 208,–/
sFr. 28,–

Hunde haben eine gut entwickelte und reiche Sprache. Sie haben dadurch vielfältige
Möglichkeiten, untereinander Botschaften auszutauschen. Sie erzählen sich wesentlich mehr, als man bislang glaubte. Ein Hund kann mit Leichtigkeit einen anderen
Hund zu einer Beißerei herausfordern oder dafür sorgen, daß keine Beißerei entsteht. Er kann einem anderen Hund erklären, daß er an einer Kontaktaufnahme
interessiert ist oder daß dieser lieber Abstand halten soll.
Die gleiche Sprache, die die Hunde untereinander gebrauchen, verwenden sie auch
gegenüber dem Menschen.
Während unsere Hunde aber instinktiv ihre eigene, angeborene Sprache sowohl sprechen
als auch verstehen können, müssen wir Menschen sie Schritt für Schritt erlernen. Wie
man dabei erfolgreich vorgeht, zeigt uns das Werk von Anders Hallgren.

Verlagshaus Reutlingen · Oertel + Spörer
Postfach 16 42 · D-72706 Reutlingen
Telefon 0 71 21 / 302-552 · Fax 0 71 21 / 302-512

Belletristik von Oertel + Spörer

Marianne Börner

Jetzt belle ich!
Memoiren einer Hundedame
Von Marianne Börner

176 Seiten
16 farbige Abbildungen
12,5 × 20 cm, gebunden
ISBN 3-88627-137-4
DM 25,80/öS 202,–/sFr. 27,–

Sicher habt Ihr noch nie einen Hund getroffen, der seine Memoiren geschrieben und veröffentlicht hat, oder? Ich bin ja auch der Erste! Mein Name ist Grille von Hintschenhof; Freunde nennen mich Grilli.
Auf die Idee, mein Leben in die Welt zu bellen, kam ich an meinem 10. Geburtstag. Wollte endlich mal mein tierisches Leben erzählen. Mein Frauchen, Marianne Börner, auch Autorin und meine Sekretärin, unterstützte mich voll und ganz und haute alles in die Tasten. Uns hat's ganz doll Spaß gemacht und das gedruckte Ergebnis kann sich sehen lassen! Also Leute, aufgepaßt! Jetzt belle ich!

Verlagshaus Reutlingen · Oertel + Spörer
Postfach 16 42 · D-72706 Reutlingen
Telefon 07121/302-552 · Fax 07121/302-512